Disfrute gratuitamente **DURANTE UN AÑO** de los eBook y audiolibros de las obras de Editorial Colex*

- ⊛ Acceda a la página web de la editorial **www.colex.es**

- ⊛ Identifíquese con su usuario y contraseña. En caso de no disponer de una cuenta regístrese.

- ⊛ Acceda en el menú de usuario a la pestaña «Mis códigos» e introduzca el que aparece a continuación:

RASCAR PARA VISUALIZAR EL CÓDIGO

Jubilación parcial y contrato de relevo. Paso a paso

- ⊛ Una vez se valide el código, aparecerá una ventana de confirmación y su eBook y/o audiolibro estará disponible **durante 1 año desde su activación** en la pestaña «Mis libros» en el menú de usuario.

---

* Los audiolibros están disponibles en las ediciones más recientes de nuestras obras. Se excluyen expresamente las colecciones «Códigos comentados», «Biblioteca digital» y los productos de www.vademecumlegal.es.

No se admitirá la devolución si el código promocional ha sido manipulado y/o utilizado.

¡Gracias por confiar en nosotros!

La obra que acaba de adquirir incluye de forma gratuita la versión electrónica. Acceda a nuestra página web para aprovechar todas las funcionalidades de las que dispone en nuestro lector.

Funcionalidades eBook

Acceso desde cualquier dispositivo con conexión a internet

Idéntica visualización a la edición de papel

Navegación intuitiva

Tamaño del texto adaptable

Síguenos en:

JUBILACIÓN PARCIAL Y CONTRATO DE RELEVO

Análisis de la jubilación parcial en todas sus modalidades, con especial atención al contrato de relevo

JUBILACIÓN PARCIAL Y CONTRATO DE RELEVO

Análisis de la jubilación parcial en todas sus modalidades, con especial atención al contrato de relevo

2.ª EDICIÓN 2025

Obra realizada por el Departamento de Documentación de Iberley

COLEX 2025

© Editorial Colex, S.L.
Calle Costa Rica, número 5, 3º B (local comercial)
A Coruña, C.P. 15004
info@colex.es
www.colex.es

I.S.B.N.: 978-84-1194-947-7
Depósito legal: C 306-2025

SUMARIO

0. INTRODUCCIÓN 9

1. JUBILACIÓN PARCIAL 15

  1.1. Concepto, posibilidades y requisitos para el acceso a la jubilación parcial 16

    1.1.1. Jubilación parcial tras cumplir la edad de jubilación: jubilación
parcial sin contrato de relevo 19

    1.1.2. Jubilación parcial con anterioridad a la edad de jubilación:
jubilación parcial con contrato de relevo 20

    1.1.3. Jubilación parcial para trabajadores de la industria manufacturera . . . 28

  1.2. Base de cotización durante la jubilación parcial 33

  1.3. Remuneración durante la jubilación parcial: ¿cuánto se cobra con la
jubilación parcial? 33

  1.4. Compatibilidades, incompatibilidades y extinción de la pensión de
jubilación parcial 35

    1.4.1. Las compatibilidades de la pensión de jubilación parcial 36

    1.4.2. Las incompatibilidades de la pensión de jubilación parcial 37

    1.4.3. La extinción de la pensión de jubilación parcial 39

    1.4.4. Futura modificación de la regulación de la jubilación parcial en el
sistema de Seguridad Social 40

  1.5. Gestiones y solicitudes para la jubilación parcial 40

    1.5.1. Aspectos que ambas partes deben tener presentes 40

    1.5.2. ¿Qué tiene que hacer la persona trabajadora para acceder a la
jubilación parcial? 42

    1.5.3. ¿Qué tiene que hacer la empresa en caso de la solicitud de una
jubilación parcial? 47

    1.5.4. Actuaciones en caso de negativa por parte de la empresa o INSS . . . 50

    1.5.5. ¿Cómo se pasa de la jubilación parcial a la jubilación total ordinaria? . 53

  1.6. Novación contractual y concentración de jornada para el acceso a
la jubilación parcial 55

    1.6.1. Aclaraciones sobre la conversión de un contrato a tiempo
completo en un contrato a tiempo parcial para el acceso a la
jubilación parcial 55

    1.6.2. Posibilidad de concentrar en un periodo temporal la jornada
reducida en jubilación parcial 56

2. CONTRATO DE RELEVO. 59
   2.1. Concepto y características del contrato de relevo 59
   2.2. La persona trabajadora relevista y las condiciones previas para la
       correcta formalización del contrato de relevo 64
   2.3. La persona trabajadora relevada y sus condiciones previas al
       contrato de relevo 67
   2.4. Duración y formalización del contrato de relevo. 69
      2.4.1. Duración del contrato de relevo 70
      2.4.2. Formalización del contrato de relevo 73
   2.5. Jornada laboral del contrato de relevo 75
   2.6. Incentivos y cotización en el contrato de relevo. 76
      2.6.1. Bonificaciones de cuotas por transformación de contratos de
           relevo en indefinidos 76
      2.6.2. Cotización de los contratos de relevo. 77
   2.7. Suspensión, extinción e indemnización del contrato de relevo. 78
      2.7.1. Suspensión del contrato de relevo. 79
      2.7.2. Extinción e indemnización del contrato de relevo 80
   2.8. La responsabilidad y obligaciones de la empresa por
       incumplimientos referidos al contrato de relevo 88

ANEXO.
FORMULARIOS

Escrito de comunicación a la empresa de la intención de jubilarse
parcialmente sin necesidad de realizar un contrato de relevo 97

Comunicación a la empresa de la intención de jubilarse parcialmente
con necesidad de realizar un contrato de relevo. 99

Solicitud de incremento del porcentaje de jornada en jubilación parcial. . . . 101

Acuerdo entre empresa y persona trabajadora para el acceso a la
jubilación parcial 103

Escrito de preaviso por finalización de contrato de relevo (jubilación
trabajador relevado). 107

Formulario de demanda por despido improcedente de trabajador con
contrato de relevo 109

Formulario de papeleta de conciliación ante el SMAC contra despido de
trabajador con contrato de relevo 113

Demanda contra el INSS por denegación de jubilación parcial 115

0.
INTRODUCCIÓN

La jubilación puede ser definida como el cese en la actividad laboral provocado por razón de edad e implica una prestación de carácter laboral, formada por la entrega de una pensión vitalicia a los beneficiarios cuando cumplen determinados requisitos de antigüedad, edad o invalidez por accidente de trabajo, que cubre parte o la totalidad del sueldo que el trabajador percibía al momento de su retiro.

Dentro de esta prestación, **la jubilación parcial es un derecho complejo a la jubilación**, que se asocia, por un lado, al acceso de forma paulatina a la jubilación y, por otro, al de que el esfuerzo del sistema que permite la jubilación a quien no tiene aún los requisitos para jubilarse en los términos comunes suponga la creación de empleo.

Por esa razón, la solicitud que se formula a la Entidad Gestora para el acceso a la jubilación parcial requiere que se complete con todos los pasos, los requisitos para su concesión, y si alguno de ellos no concurre, tal y como analizaremos a lo largo de la obra, no cabe entender que exista un derecho subjetivo de quien pretende esta especial modalidad de jubilación, aunque se trate de conductas por parte de un tercero, como puede ser el caso de la empresa que cometa, voluntariamente o no, irregularidades en la contratación de la persona trabajadora que sustituye al trabajador jubilado parcialmente. (STSJ de Castilla y León, rec. 119/2024 de 30 de mayo del 2024, ECLI:ES:TSJCL:2024:2432).

Entorno normativo en constante evolución

El entorno normativo de la jubilación en España está en constante evolución para adaptarse a las necesidades económicas y sociales del país, con un enfoque en la sostenibilidad del sistema de pensiones y la protección de los derechos de los pensionistas.

Actualmente, la regulación de esta prestación recogida en la **LGSS** (arts. 165, 204-215 y DD.TT. 4.ª; 8.ª-12.ª; 34.ª y 40.ª de la LGSS) está siendo objeto de una profunda reforma por parte de la **Ley 21/2021, de 28 de diciembre**, de garantía del poder adquisitivo de las pensiones y de otras medidas de refuerzo de la sostenibilidad financiera y social del sistema público de pensiones (reforma de la pensiones 2022), el **Real Decreto-ley 2/2023, de 16 de marzo**, de medidas urgentes para la ampliación de derechos de los pensionistas, la reducción de la brecha de género y el establecimiento de un nuevo marco de sostenibilidad del sistema público de pensiones (reforma de la pensiones 2023) y, con efectos de 01/04/2025, por el **Real Decreto-ley 11/2024, de 23 de diciembre**, para la mejora de la compatibilidad de la pensión de jubilación con el trabajo, cuyas novedades formarán el eje central de esta segunda edición de la guía paso a paso sobre la jubilación parcial y contrato de relevo.

Vinculación de la jubilación parcial y el contrato de relevo

La regulación de la jubilación parcial establecida en el artículo 215 del texto refundido de la Ley General de la Seguridad Social, aprobado por el Real Decreto Legislativo 8/2015, de 30 de octubre (en adelante, LGSS) está indisolublemente vinculada al artículo 12, apartados 6, 7 y 8, del texto refundido de la Ley del Estatuto de los Trabajadores, aprobado por Real Decreto Legislativo 2/2015, de 23 de octubre (en adelante, ET), donde se regula la reducción de jornada del trabajador que se jubila parcialmente, sea de forma anticipada o con la edad ordinaria, así como el contrato de relevo simultáneo a la jubilación parcial.

Esta vinculación hace que las referencias cruzadas entre el ET y la LGSS a la hora de configurar los distintos supuestos de jubilación parcial puedan ser en algunos casos confusas y engorrosas, a lo que, sin duda, no han ayudado las distintas reformas en búsqueda de la «sostenibilidad del sistema» y la necesidad de adecuación a la normativa legal vigente en la fecha de solicitud de la jubilación parcial de las condiciones en las que deba formalizarse el contrato de relevo.

Actualmente debemos diferenciar tres posibilidades que analizaremos y debemos asociar a la necesidad de un contrato de relevo sujeto a distintas condiciones:

- Jubilación parcial cumplida la edad ordinaria de jubilación y cumpliendo los requisitos del art. 215.1 de la LGSS, donde no se establece la obligación de formalizar un contrato de relevo.

- Jubilación parcial anterior a la edad ordinaria de jubilación y cumpliendo los requisitos del art. 215.2 de la LGSS, donde se establece la obligación de formalizar un contrato de relevo.

- Jubilación parcial para trabajadores de la industria manufacturera.

Relevancia del convenio colectivo en la materia: ¿el derecho a jubilación parcial de la persona trabajadora es una obligación para la empresa?

De forma previa al análisis de esta duda en nuestra obra conviene aclarar, ya a modo introductorio, que ni la legislación laboral, ni la de Seguridad Social establecen la obligación de la empresa de suscribir con el trabajador el contrato a tiempo parcial necesario para jubilarse parcialmente y la contratación simultánea del relevista. (STS n.º 1037/2024, de 10 de septiembre del 2024, ECLI:ES:TS:2024:4408).

En multitud de ocasiones los tribunales, siendo similar la regulación laboral vigente en cada caso, han abordado el problema de determinar si cuando el trabajador pretende ejercitar su derecho a jubilarse de forma anticipada parcial, lo que comporta el que previamente la conversión de su contrato en a tiempo parcial y la contratación simultánea de un trabajador relevista, el empleador está obligado a realizar tal novación y nueva contratación.

Pese a los muchos cambios habidos en la regulación de esta institución, la doctrina sigue defendiendo que los términos de la regulación convencional son determinantes para decidir si se establece la obligación de la empresa de aceptar la jubilación solicitada.

Persona trabajadora relevista y relevada

La normativa no define dos de los conceptos que citaremos continuamente en la obra y que, al fin y al cabo, forman el nexo central de la jubilación parcial y el contrato de relevo:

- **Relevista:** la persona trabajadora que tiene la consideración de relevista es la contratada por una empresa para sustituir a un trabajador que se encuentra en situación de jubilación parcial.

- **Relevado:** un trabajador relevado es aquel empleado que ha accedido a una situación de jubilación parcial y cuya plaza debe ser ocupada por otro trabajador en virtud de un contrato de relevo. Este tipo de contratos permite que un trabajador celebre un acuerdo para que una persona asuma sus funciones mientras se encuentra en dicha situación de jubilación parcial. El objetivo es garantizar la continuidad de la actividad laboral en la empresa y evitar la pérdida de empleo por parte de los trabajadores.

Necesidad de sustituir al relevista y consiguiente responsabilidad de la empresa respecto de las prestaciones de jubilación

La normativa establece que en ciertas condiciones es responsabilidad de la empresa contratar un relevista cuando el trabajador que es relevado accede a la jubilación parcial. Esto es fundamental para mantener el equilibrio en el empleo y prevenir las mermas en los ingresos de la Seguridad Social.

La responsabilidad empresarial de asumir el pago de las prestaciones de jubilación parcial sólo se da en supuestos donde hay un incumplimiento de la empresa en cuanto a la obligación de contratar un relevista. Por ejemplo, si el relevista cesa su relación laboral y no hay un nuevo trabajador que lo sustituya de manera adecuada, la empresa será responsable de las prestaciones correspondientes al jubilado parcial.

La STS, rec. 2520/2012, de 24 de septiembre de 2013 y la STS n.º 117/2023, de 8 de febrero del 2023, ECLI:ES:TS:2023:465, contienen una pormenorizada relación de la casuística abordada por la Sala IV del TS en esta materia, en orden a la necesidad de sustituir al relevista y consiguiente responsabilidad de la empresa respecto de las prestaciones de jubilación. Este aspecto también supone un foco de conflicto en base a la actual previsión legal del art. 12.6 del ET:

> «El contrato de relevo deberá mantenerse vigente desde la fecha de efectos de la jubilación parcial hasta, al menos, los dos años posteriores a la extinción de la jubilación parcial. En el supuesto de que el contrato se extinga antes de dicho plazo, el empresario estará obligado a celebrar un nuevo contrato de relevo en los mismos términos del extinguido. En caso de incumplimiento por parte del empresario de la presente obligación será responsable del reintegro de la pensión que haya percibido el pensionista a tiempo parcial».

Novedades desde abril 2025: Real Decreto-ley 11/2024, de 23 de diciembre

El Real Decreto-ley 11/2024, de 23 de diciembre, para la mejora de la compatibilidad de la pensión de jubilación con el trabajo modifica los artículos 210, 213, 214, 215, 245, 247, 248, DA sexagésima, DT cuarta, y se suprime la DT décima de la LGSS y el artículo 12 del Estatuto de los Trabajadores, para introducir cambios, entre otras cuestiones, en la jubilación demorada, la jubilación activa y la jubilación parcial.

Este Real Decreto-ley entra en vigor el día 25 de diciembre de 2024, si bien los aspectos relacionados con la Seguridad Social y contrato de relevo comienzan su vigencia **el día 1 de abril de 2025**.

Modificaciones sobre la pensión de jubilación parcial

- **Reducción de jornada**: los trabajadores que cumplan la edad establecida en el artículo 205.1.a) de la LGSS y reúnan los requisitos para acceder a la pensión de jubilación podrán optar por la jubilación parcial, siempre que reduzcan su jornada laboral entre un 25 % y un 75 %.

- **Acceso anticipado**: se permite a los trabajadores a tiempo completo acceder a la jubilación parcial antes de la edad ordinaria de jubilación, siempre que celebren un contrato de relevo y cumplan con ciertos requisitos, como tener al menos 33 años de cotización (25 años en caso de discapacidad del 33 %).

- **Reducción de jornada en anticipación**: en casos de anticipación de más de dos años respecto a la edad ordinaria de jubilación, la reducción de jornada durante el primer año será entre un 20 % y un 33 %.

- **Correspondencia de bases de cotización**: se establece la obligación de que las bases de cotización del trabajador relevista no sean inferiores al 65 % del promedio de las bases de cotización de los últimos seis meses del jubilado parcial.

- **Carácter indefinido de contratos de relevo**: los contratos de relevo tendrán carácter indefinido y a tiempo completo, debiendo mantenerse al menos durante los dos años posteriores a la extinción de la jubilación parcial.

- **Compatibilidad de pensión y puesto a tiempo parcial:** la percepción de la pensión de jubilación parcial será compatible con el puesto de trabajo a tiempo parcial resultante de la reducción de jornada.

Modificaciones en el contrato a tiempo parcial y contrato de relevo

- **Contrato de relevo:** el artículo 12 del Estatuto de los Trabajadores se modifica para permitir la celebración de contratos de relevo de duración determinada o indefinida, cuya duración coincidirá con el tiempo de la jubilación parcial, con un mínimo de un año. La jornada del trabajador relevista será, como mínimo, la dejada vacante por el jubilado parcial.

- **Compatibilidad:** se declara compatible la ejecución del contrato a tiempo parcial con la retribución del jubilado parcial. El puesto de trabajo del relevista y del sustituido podrá ser el mismo o diferente, y el horario de trabajo podrá completarse o simultanearse.

|| Otros aspectos de interés

- **Régimen transitorio de la jubilación parcial en la industria manufacturera:** Se amplía hasta el 31 de diciembre de 2029 el régimen transitorio de la jubilación parcial en la industria manufacturera.

- **Modificación de la Ley de Clases Pasivas del Estado:** se reforma el artículo 33 del texto refundido de la Ley de Clases Pasivas del Estado para extender las mejoras en la compatibilidad de la pensión de jubilación con la actividad del pensionista a los empleados públicos encuadrados en el Régimen Especial de Clases Pasivas del Estado.

- **Evaluación de la reforma:** en el último trimestre de 2028, el Gobierno evaluará el impacto de la reforma de la jubilación parcial, considerando variables de sexo y actividad, y analizará posibles cambios normativos con los interlocutores sociales.

- **Evaluación de la normativa sobre jubilación flexible:** en un plazo de seis meses desde la publicación del RD 11/2024, el Gobierno analizará los requisitos establecidos en el Real Decreto 1132/2002 para incentivar la jubilación gradual y flexible.

1.
JUBILACIÓN PARCIAL

La jubilación parcial se regula en el art. 215 de la Ley General de Seguridad Social. Esta puede alcanzarse compatibilizándola con un contrato de relevo o sin necesidad de la celebración simultánea del mismo.

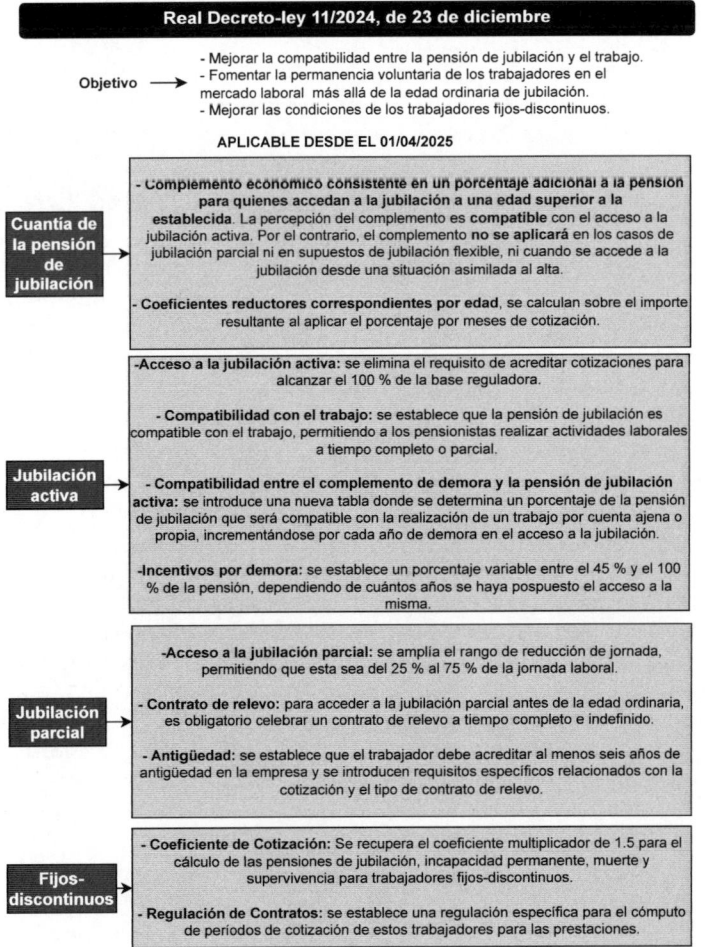

Real Decreto-ley 11/2024, de 23 de diciembre

Objetivo →
- Mejorar la compatibilidad entre la pensión de jubilación y el trabajo.
- Fomentar la permanencia voluntaria de los trabajadores en el mercado laboral más allá de la edad ordinaria de jubilación.
- Mejorar las condiciones de los trabajadores fijos-discontinuos.

APLICABLE DESDE EL 01/04/2025

Cuantía de la pensión de jubilación →
- Complemento económico consistente en un porcentaje adicional a la pensión para quienes accedan a la jubilación a una edad superior a la establecida. La percepción del complemento es **compatible** con el acceso a la jubilación activa. Por el contrario, el complemento **no se aplicará** en los casos de jubilación parcial ni en supuestos de jubilación flexible, ni cuando se accede a la jubilación desde una situación asimilada al alta.

- **Coeficientes reductores correspondientes por edad**, se calculan sobre el importe resultante al aplicar el porcentaje por meses de cotización.

Jubilación activa →
- **Acceso a la jubilación activa:** se elimina el requisito de acreditar cotizaciones para alcanzar el 100 % de la base reguladora.

- **Compatibilidad con el trabajo:** se establece que la pensión de jubilación es compatible con el trabajo, permitiendo a los pensionistas realizar actividades laborales a tiempo completo o parcial.

- **Compatibilidad entre el complemento de demora y la pensión de jubilación activa:** se introduce una nueva tabla donde se determina un porcentaje de la pensión de jubilación que será compatible con la realización de un trabajo por cuenta ajena o propia, incrementándose por cada año de demora en el acceso a la jubilación.

- **Incentivos por demora:** se establece un porcentaje variable entre el 45 % y el 100 % de la pensión, dependiendo de cuántos años se haya pospuesto el acceso a la misma.

Jubilación parcial →
- **Acceso a la jubilación parcial:** se amplía el rango de reducción de jornada, permitiendo que esta sea del 25 % al 75 % de la jornada laboral.

- **Contrato de relevo:** para acceder a la jubilación parcial antes de la edad ordinaria, es obligatorio celebrar un contrato de relevo a tiempo completo e indefinido.

- **Antigüedad:** se establece que el trabajador debe acreditar al menos seis años de antigüedad en la empresa y se introducen requisitos específicos relacionados con la cotización y el tipo de contrato de relevo.

Fijos-discontinuos →
- **Coeficiente de Cotización:** Se recupera el coeficiente multiplicador de 1.5 para el cálculo de las pensiones de jubilación, incapacidad permanente, muerte y supervivencia para trabajadores fijos-discontinuos.

- **Regulación de Contratos:** se establece una regulación específica para el cómputo de períodos de cotización de estos trabajadores para las prestaciones.

1.1. Concepto, posibilidades y requisitos para el acceso a la jubilación parcial

La llamada jubilación parcial es una modalidad de jubilación en la que la persona trabajadora pasa (una vez cumplida cierta edad) de un contrato a tiempo completo a uno a tiempo parcial y accede a la pensión de jubilación por la parte correspondiente al resto de la jornada laboral. En función de la edad a la que se acceda a esta modalidad la jubilación parcial resultará obligatorio (o no) concertar un contrato de relevo con otra persona desempleada por el tiempo de jornada reducido.

Mediante esta modalidad, la persona trabajadora reduce su jornada en parte proporcional a su salario, pero cobrará un porcentaje de su pensión de jubilación. Es decir, el jubilado parcial recibirá el salario en proporción al porcentaje de jornada laboral que realice y un porcentaje de la pensión de jubilación en proporción a la jornada reducida.

Actualmente la jubilación parcial se divide en **tres posibilidades** reguladas en el art. 215, DD.TT. 4.ª, 7.ª y 10.ª de la LGSS y RD 1131/2002, de 31 de octubre, de una forma un tanto engorrosa, y han sido modificadas, **con efectos de 01/04/2025**, por el Real Decreto-ley 11/2024, de 23 de diciembre.

- **Jubilación a tiempo parcial cumplida la edad ordinaria de jubilación y cumpliendo los requisitos necesarios para causar derecho a la misma (art. 215.1 de la LGSS).** Se permite el acceso a esta modalidad de jubilación para las personas trabajadoras que hayan cumplido la edad de jubilación y tengan el periodo de cotización suficiente cuando reduzcan su jornada en un concreto porcentaje respecto a un trabajador a tiempo completo comparable (entre el 25 y el 75 %) —en este caso **no se exige la realización de un contrato de relevo de forma simultánea**—.

- **Jubilación a tiempo parcial anterior a la edad ordinaria de jubilación, pero con un determinado periodo de cotización y antigüedad en la empresa (art. 215.2 de la LGSS).** Consiste en el acuerdo entre el empresario y el trabajador para que este último reduzca su jornada y su salario y, simultáneamente, acceda a la condición de pensionista de jubilación, siempre y cuando cumpliera todos los requisitos, salvo la edad, para acceder a la jubilación. Así se compagina la percepción del salario y de la parte de pensión correspondiente a la jornada que se reduce. La parte de jornada dejada vacante por el jubilado parcial ha de cubrirse con un contrato de relevo con el que ha de existir correspondencia entre las bases de cotización —en este caso **se exige la realización de un contrato de relevo de forma simultánea**—.

- **Jubilación parcial para trabajadores de la industria manufacturera.** Cuando el trabajador que solicite el acceso a la jubilación parcial realice directamente funciones que requieran esfuerzo físico o alto grado de atención en tareas de fabricación, elaboración o transformación, así como en las de montaje, puesta en funcionamiento, mantenimiento y reparación especializados de maquinaria y equipo industrial en empresas clasificadas como industria manufacturera. En estos casos se aplica la normativa anterior a la Ley 27/2011, de 1 de agosto (donde se permite la jubilación parcial con simultánea celebración de contrato de relevo) para pensiones causadas antes del 1 de enero de 2030 siempre que se acrediten una serie de requisitos (D.T. 4.ª.6 de la LGSS, según redacción aportada por Real Decreto-ley 11/2024, de 23 de diciembre, **con efectos de 01/04/2025**).

La percepción de la pensión de jubilación parcial será compatible con el puesto de trabajo a tiempo parcial resultante de la reducción de jornada (art. 215.4 de la LGSS).

Podrán acogerse a la jubilación parcial los socios trabajadores o de trabajo de las cooperativas, asimilados a trabajadores por cuenta ajena (art. 14 de la LGSS), que reduzcan su jornada y derechos económicos en las condiciones previstas en el art. 12.6 del Estatuto de los Trabajadores, y cumplan los requisitos establecidos, cuando la cooperativa concierte con un socio de duración determinada de la misma o con un desempleado la realización, en calidad de socio trabajador o de socio de trabajo, de la jornada dejada vacante por el socio que se jubila parcialmente, con las mismas condiciones establecidas para la celebración de un contrato de relevo.

Las **tres posibilidades de jubilación parcial** tienen distintos requisitos de acceso **(con efectos de 01/04/2025)**:

	Jubilación parcial posterior a la edad ordinaria de jubilación —SIN contrato de relevo— (art. 215.1 de la LGSS)	Jubilación parcial anterior a la edad ordinaria de jubilación —CON contrato de relevo— (art. 215.2 de la LGSS)	Industria manufacturera (D.T. 4.ª.6 de la LGSS).
Edad	La ordinaria para la jubilación según el art. 205.1.a) de la LGSS.	Tres años antes, como máximo, a la edad ordinaria de jubilación establecida en cada momento según el art. 205.1.a) de la LGSS.	61 años.
Reducción de jornada	Mínimo del 25 por 100 y un máximo del 75 por 100.	Un mínimo del 25 por 100 y un máximo del 75 por 100. Si se da una anticipación del acceso a la jubilación parcial en más de dos años respecto de la edad ordinaria de jubilación: - El primer año: entre un 20 y un 33 por 100. - A partir del segundo año: entre un 25 y 75 por 100.	Mínimo del 25 y 67 por 100. Máximo del 80 por 100 cuando el contrato de relevo sea a jornada completa y por tiempo indefinido.

Período de cotización mínimo previo	Los necesarios para tener derecho a la pensión de jubilación en cada momento.	33 años en la fecha del hecho causante de la jubilación parcial. En caso de personas con discapacidad en grado igual o superior al 33 %: 25 años.	33 años en la fecha del hecho causante de la jubilación parcial. En caso de personas con discapacidad en grado igual o superior al 33 por 100: 25 años.
Antigüedad en la empresa	No se exige	6 años inmediatamente anteriores a la fecha de la jubilación parcial.	6 años inmediatamente anteriores a la fecha de la jubilación parcial.
Cotización	Empresa y trabajador relevado cotizarán por la base de cotización que hubiese correspondido de no existir reducción de jornada.	La base de cotización del trabajador relevista no podrá ser inferior al 65 % del promedio de las bases de cotización correspondientes a los seis últimos meses del período de base reguladora de la pensión de jubilación parcial del relevado. Sin perjuicio de la reducción de jornada, durante el período de disfrute de la jubilación parcial, empresa y trabajador cotizarán por la base de cotización que, en su caso, hubiese correspondido al realista de seguir trabajando a jornada completa.	Debe existir correspondencia entre las bases de cotización del trabajador relevista y del jubilado parcial, de modo que la del trabajador relevista no podrá ser inferior al 65 por ciento del promedio de las bases de cotización correspondientes a los seis últimos meses del período de base reguladora de la pensión de jubilación parcial. La cotización del relevista no podrá ser inferior al 80 % de la base de cotización que hubiese correspondido al jubilado parcial de seguir trabajando a jornada completa de acuerdo con la escala de la D.T. 4.ª.6.g) de la LGSS.

JURISPRUDENCIA

STS, rec. 1572/2012, de 11 de marzo de 2013, ECLI:ES:TS:2013:1492; STS, rec. 104/2011, de 31 de mayo 2012, ECLI:ES:TS:2012:4460 y STS, rec. 2860/2008, de 20 de mayo 2009, ECLI:ES:TS:2009:4390

Los tribunales han considerado que, para la jubilación parcial del trabajador, ha de exigirse, en el momento de la solicitud de la misma, todos los requisitos —excepto la edad— para tener derecho a la pensión de jubilación en el Régimen General de la Seguridad Social o puede entenderse cumplido este requisito en supuestos en que reúne los requisitos para percibir pensión de jubilación en el Régimen Especial de Trabajadores Autónomos, y no en el Régimen General de la Seguridad Social, ya que no reúne el beneficiario, en ninguno de regímenes, por separado, los periodos de carencia precisos para causar el derecho a la pensión, debiendo acudirse al cómputo recíproco de cotizaciones, siendo mayor el periodo cotizado en el Régimen Especial de Trabajadores Autónomos.

STS n.º 763/2018, de 17 de julio de 2018, ECLI:ES:TS:2018:3083

El TS, en consonancia con el INSS y a la TGSS, siguiendo lo establecido en la D.T. 2.ª del RD-ley 8/2010, considera que el derecho a la jubilación parcial no resulta de aplicación más allá del 31 de diciembre de 2012.

Se llega a la conclusión de que con la regulación anterior a la Ley 27/2011: se permitía la jubilación parcial habiendo alcanzado los 60 años (no los 61) si se cumplía una serie de requisitos y se accedía a ella antes de que comenzara el año 2013. Frente a esta conclusión el TS considera que la decisión del TSJ de Madrid no se acomoda a las exigencias legales y que si la fecha del hecho causante es posterior a la prevista en la norma para permitir el ejercicio de tal derecho el solicitante carece del derecho. La fecha final en la que podía accederse a tal clase de jubilación con arreglo a las condiciones previstas en la disposición transitoria segunda del RD-ley 8/2010 y en el art. 166.2 de la LGSS en la redacción es la vigente al tiempo de producirse los hechos.

1.1.1. Jubilación parcial tras cumplir la edad de jubilación: jubilación parcial sin contrato de relevo

Los trabajadores que **hayan cumplido la edad ordinaria de jubilación y reúnan los requisitos para causar derecho a la pensión de jubilación, siempre que se produzca una reducción de su jornada de trabajo comprendida entre un mínimo del 25 por 100 y un máximo del 75 por 100** (50 %, con anterioridad al 01/04/2025), podrán acceder a la jubilación parcial sin necesidad de la celebración simultánea de un contrato de relevo. Los porcentajes indicados se entenderán referidos a la jornada de un trabajador a tiempo completo comparable (art. 215.1 de la LGSS, Real Decreto 1131/2002, de 31 de octubre y Real Decreto-ley 11/2024, de 23 de diciembre).

Este supuesto necesita el **período mínimo de cotización** y el cumplimiento de la edad mínima establecidos para el acceso a la jubilación ordinaria que en cada caso resulte de aplicación.

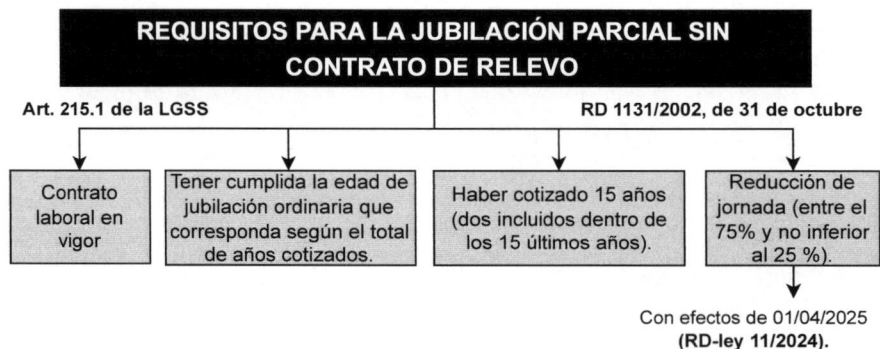

Con efectos de 01/04/2025
(RD-ley 11/2024).

JURISPRUDENCIA

STS, rec. 720/2010 de 16 de diciembre de 2010, ECLI:ES:TS:2010:7636

Se reitera que la D.A. 2.ª del Real Decreto 1131/2002, de 31 de octubre, constituye «un precepto regulador de la responsabilidad civil que se deriva del incumplimiento por parte del empleador de su obligación de mantener a un relevista durante todo el tiempo que media entre la jubilación parcial de uno de sus trabajadores y la jubilación ordinaria, o la anticipada, de este». (STS, rec. 3147/2008, de 8 de julio de 2009, ECLI:ES:TS:2009:5464).

«(...) el plazo de quince días del apartado 3 de la D.A. 2.ª RD 1131/2002 es imperativo y apunta a una obligación de resultado, por lo que la empresa no queda exonerada con el mero hecho de haber gestionado la contratación de trabajadores a través de la Oficina de Empleo (STS de 9 de febrero de 2010 —rcud. 2334/2009— y 13 de marzo de 2010 —rcud. 2244/2009—, antes citadas).

Respecto de esta cuestión de la falta de contratación en el plazo establecido de quince días, esta sala ha entendido que la responsabilidad empresarial habría de atemperarse al periodo en que efectivamente no se hubiera producido la cobertura del puesto de trabajo, de suerte que no sería posible atribuir a la empresa el importe de toda la prestación si, pese a no cumplir con el plazo, acaba por contratar a un trabajador relevista. En este último caso, la obligación de reintegro se ajustará al periodo en que se mantuvo la jubilación parcial sin contrato de relevo paralelo».

1.1.2. Jubilación parcial con anterioridad a la edad de jubilación: jubilación parcial con contrato de relevo

Siempre que con carácter simultáneo se celebre un contrato de relevo en los términos previstos en el art. 12.7 del Estatuto de los Trabajadores, los trabajadores podrán acceder a la jubilación parcial cuando reúnan los requisitos establecidos en el apdo.2 del art. 215 de la LGSS.

Tras las modificaciones normativas realizadas por el Real Decreto-ley 11/2024, de 23 de diciembre, para la mejora de la compatibilidad de la pensión de jubilación con el trabajo, podemos diferenciar distintos requisitos en función de la fecha del hecho causante:

REQUISITOS PARA LA JUBILACIÓN PARCIAL CON CONTRATO DE RELEVO

HASTA 31/03/2025

Art. 215 de la LGSS
(en su redacción vigente hasta 31/03/2025)

RD 1131/2002, de 31 de octubre

Contrato laboral **a jornada completa** en vigor.	El requisito de **edad** y **cotización** necesaria se aplicarán de forma gradual en los términos establecidos en la D.T. 10.ª de la LGSS hasta el 2027.	**Antigüedad** en la empresa: al menos seis años inmediatamente anteriores a la fecha de la jubilación parcial.	**Reducción de jornada del relevado:** entre el 25% y el **50%.**

75 % si el contrato de relevo es a jornada completa y por tiempo indefinido.

Con carácter general: 33 años de cotización.
Personas con discapacidad igual o superior al 33 %: 25 años de cotización.
Hasta abril 2025:
- 62 años y 8 meses: 36 años y 3 meses o más cotizados.
- 64 años y 4 meses: 33 años cotizados.
Debe existir una **correspondencia entre las bases de cotización** del trabajador relevista y del jubilado parcial.

DURACIÓN CONTRATO RELEVO : el tiempo que le falte al trabajador relevado para alcanzar la edad de jubilación [art. 205.1 a) de la LGSS]. En caso del 75% de reducción: indefinido y a tiempo completo y deberá mantenerse 2 años.

DESDE 01/04/2025

Art. 215 de la LGSS
(en su redacción vigente desde 01/04/2025)

RD-ley 11/2024, de 23 de diciembre

Contrato laboral **a jornada completa** en vigor.	**Edad** que sea inferior en tres años, como máximo, a la edad que en cada caso resulte de aplicación	**Antigüedad** en la empresa: al menos seis años inmediatamente anteriores a la fecha de la jubilación parcial.	**Reducción de jornada del relevado:** entre el 25% y el **75%.**

Jubilación parcial en más de 2 años respecto de la edad ordinaria de jubilación: el primer año reducción entre el 20 y el 33%.

Con carácter general: 33 años de cotización.
Personas con discapacidad igual o superior al 33 %: 25 años de cotización.
Se suprime la D.T. 10.ª de la LGSS donde se regulaba un periodo transitorio hasta el año 2027 incrementando edad y cotización necesaria para el acceso a esta modalidad de jubilación.
Debe existir una **correspondencia entre las bases de cotización** del trabajador relevista y del jubilado parcial no inferior al 65% del promedio de las bases de cotización.

DURACIÓN CONTRATO RELEVO : indefinido y a tiempo completo. Deberán mantenerse al menos durante los 2 años posteriores a la extinción de la jubilación parcial. [art. 205.1 e) de la LGSS].

Jubilación parcial con anterioridad a la edad de jubilación hasta 31/03/2025

1. Los trabajadores a **tiempo completo** podrán acceder a la jubilación parcial cuando reúnan los siguientes **requisitos:**

a) **Edad y acreditación de cotización previa.** La norma hace referencia a la necesidad de tener cumplida la edad ordinaria de acceso a la pensión de jubilación y de un periodo de cotización previo de treinta y tres años en la fecha del hecho causante de la jubilación parcial. No obstante, esta exigencia del requisito de edad y cotización necesaria [apdos. 2. a) y d) del art. 215 de la LGSS] se aplicará de forma gradual en los términos establecidos en la D.T. 10.ª de la LGSS:

Año del hecho causante	Edad exigida según períodos cotizados en el momento del hecho causante		Edad exigida con 33 años cotizados en el momento del hecho causante
2023	62 años y 4 meses.	35 años y 9 meses o más.	63 años y 8 meses.
2024	62 años y 6 meses.	36 años o más.	64 años.
2025	**62 años y 8 meses.**	**36 años y 3 meses o más.**	**64 y 4 meses.**
2026	62 años y 10 meses.	36 años y 3 meses o más.	64 y 8 meses.
2027 en adelante	63 años.	36 años y 6 meses.	65 años.

En el supuesto de **personas con discapacidad** en grado igual o superior al 33 por ciento, el período de cotización exigido será de veinticinco años (STS n.º 115/2020, de 6 de febrero de 2020, ECLI:ES:TS:2020:338).

Para acreditar el período de cotización exigido en la fecha del hecho causante de la jubilación parcial se computará el período de prestación del servicio militar obligatorio, de prestación social sustitutoria, o del servicio social femenino obligatorio (con efectos de 26 de noviembre de 2022), con el límite máximo de un año.

En este supuesto también computarán: los periodos de cotización asimilados por parto (art. 235 de la LGSS), los periodos de reducción de jornada asociados a guarda legal (art. 237 de la LGSS), los tres primeros años del período de reducción de jornada por cuidado de menor (primer párrafo del punto 6, art. 37 de la LGSS), las cotizaciones realizadas durante los períodos en que se reduce la jornada en el último párrafo del apartado 4, así como en el tercer párrafo del apdo. 6 del art. 37 del Estatuto de los Trabajadores, el período de suspensión con reserva del puesto de trabajo, contemplado en el art. apdo. 8 del 48 del ET para supuestos de violencia de género o violencia sexual (apdo. 5. del art. 165 de la LGSS) o la cotización por jubilación durante la percepción del subsidio por desempleo para trabajadores mayores de cincuenta y dos años.

b) **Antigüedad en la empresa.** Acreditar un período de antigüedad en la empresa de, al menos, seis años inmediatamente anteriores a la fecha de la jubilación parcial [a tal efecto se computará la antigüedad acreditada en la empresa anterior si ha mediado una sucesión de empresa (art. 44 del ET), o en empresas pertenecientes al mismo grupo].

c) **Porcentaje de reducción de la jornada del trabajador relevado.** La reducción de su jornada de trabajo (respecto a una persona trabajadora a tiempo completo comparable) debe comprenderse entre un mínimo de un 25 por ciento y un máximo del 50 por ciento, o del 75 por ciento para los supuestos en que el trabajador relevista sea contratado a jornada completa mediante un contrato de duración indefinida, siempre que se acredite el resto de los requisitos.

d) **Base de cotización.** Que exista una correspondencia entre las bases de cotización del trabajador relevista y del jubilado parcial, de modo que la correspondiente al trabajador relevista no podrá ser inferior al 65 por ciento del promedio de las bases de cotización correspondientes a los seis últimos meses del período de base reguladora de la pensión de jubilación parcial. (STS, n.° 1173/2024, el 25 de septiembre, ECLI:ES:TS:2024:4542).

e) **Duración del contrato de relevo ligada a la jubilación y obligaciones en la sustitución del trabajador relevista.** Los contratos de relevo que se establezcan como consecuencia de una jubilación parcial tendrán, como mínimo, una duración igual al tiempo que le falte al trabajador sustituido para alcanzar la edad de jubilación [apdo. 1.a) del art. 205 de la LGSS].

En los casos en que el contrato de relevo sea de carácter indefinido y a tiempo completo [apdo. 2.c) del art. 205 de la LGSS], deberá mantenerse al menos durante una duración igual al resultado de sumar dos años al tiempo que le falte al trabajador sustituido para alcanzar la edad de jubilación. En el supuesto de que el contrato se extinga antes de alcanzar la duración mínima indicada, el empresario estará obligado a celebrar un nuevo contrato en los mismos términos del extinguido, por el tiempo restante. En caso de incumplimiento por parte del empresario de esta obligación será responsable del reintegro de la pensión que haya percibido el pensionista a tiempo parcial.

> **JURISPRUDENCIA**
>
> **STS n.° 113/2019, 13 de febrero de 2019, ECLI:ES:TS:2019:614**
>
> Se considera la existencia de fraude de ley en el contrato de relevo que sigue a dos contratos temporales anteriores, a pesar de darse cierta similitud de puestos de trabajo entre relevista y jubilado parcial, por no acreditar la correspondencia entre las bases de cotización de ambos trabajadores.
>
> **STS, rec. 3988/2010, de 23 de noviembre de 2011, ECLI:ES:TS:2011:9198**
>
> En un supuesto en el que el trabajo del relevista no era similar: «En definitiva, el legislador ha pretendido —y sobre esto no parece haber discusión— dos objetivos. Uno, coherente con la política de empleo, que la jubilación anticipada, aunque sea parcial, no se traduzca en la pérdida de puestos de trabajo: de ahí la exigencia de celebrar simultáneamente un contrato de relevo con al menos la misma duración que el tiempo que reste hasta la jubilación definitiva del relevado y con una jornada

al menos igual al tiempo de reducción experimentada por la jornada de este. Y el segundo objetivo es que los ingresos de la Seguridad Social no se vean mermados. Para ello, exigió, en una primera versión de la norma, que los trabajos fueran iguales o similares lo que, implícitamente, suponía que tendrían parecidos salarios y, por ello, similares bases de cotización, que es lo realmente importante, desde este segundo punto de vista. Posteriormente, a raíz de la reforma introducida por la Ley 40/2007, abrió una doble vía para alcanzar la finalidad de la no merma en la recaudación: junto a la vía indirecta del trabajo igual o similar, la vía directa de la correspondencia de cotización, si bien parcial: de al menos el 65 por 100 y con esa redacción un tanto confusa acerca de los "requerimientos específicos" para obviar la igualdad o similitud de los trabajos y que quedaban a la espera de desarrollo reglamentario. Y, posterior y finalmente, la Ley 27/2011—que, aunque no aplicable a nuestro caso, clarifica el panorama interpretativo— prescinde de la vía indirecta y se queda solamente con la directa: elimina de la letra e) del artículo 166.2 de la LGSS toda referencia al trabajo igual o similar o bien a los "requerimientos específicos" que impidan esa igualdad o similitud —así como la referencia a un futuro reglamento sobre esa cuestión— y mantiene exclusivamente la exigencia de la correspondencia de las bases de cotización al menos en el 65 por 100».

Razonamiento que se reitera en las STS, rec. 1548/2011, de 24 de abril de 2012, ECLI:ES:TS:2012:3699 y de STS, rec. 4475/2011, de 5 de noviembre de 2012, ECLI:ES:TS:2012:7787, que se pronuncian sobre la cuestión en supuestos en los que el INSS había denegado la jubilación parcial por no ocupar los trabajadores relevista y relevado puestos de trabajo similares. La sala consideró que en estos casos bastaba la correspondencia entre las bases de cotización; lo que implica *a sensu contrario* que la correspondencia entre las bases de cotización se convierte en requisito principal para la regularidad del contrato de relevo, tal como se desprende de la doctrina jurisprudencial reseñada y, de manera específica, de la legislación aplicable.

STS, rec. 3797/2009, de 20 de mayo de 2010, ECLI:ES:TS:2010:3414

«La cuestión que se plantea en el presente recurso de casación unificadora consiste en determinar si, —en interpretación la Disposición Adicional 2.ª del Real Decreto 1131/2002, regulador de la jubilación parcial y de la Seguridad Social de los trabajadores a tiempo parcial—, en el supuesto de cese del trabajador relevista en la empresa en la sigue prestando sus servicios el jubilado parcial, por haber sido traspasado aquel a una tercera empresa que se subroga en los derechos y obligaciones de la anterior, y tras tal cese no contratar la empresa originaria a otro trabajador relevista, puede o no el INSS acordar la devolución contra la empresa originaria del importe de la pensión jubilación correspondiente al tiempo de ausencia de relevista, y durante el que no se cotizó por él».

Se declara la responsabilidad empresarial en caso de cese del trabajador relevista sin reemplazarle, «partiendo de que dicha norma (D.A. 2.ª.4 del RD 1131/2002) al tiempo que determina la responsabilidad civil derivada de tal incumplimiento, tiene un evidente contenido sancionador y antifraude».

2. Junto a las características descritas la empresa también debe tener presente una serie de requisitos:

a) **Formalización del contrato de relevo y del contrato del jubilado parcial.** El contrato de trabajo del trabajador que se jubila parcialmente y el contrato de relevo habrán de formalizarse por escrito en modelo oficial.

En el contrato de trabajo del trabajador que se jubila parcialmente deberán constar los elementos propios del contrato a tiempo parcial, así como la jornada que realizaba antes y la que resulte como consecuencia de la reducción de su jornada de trabajo.

En el contrato de relevo deberán constar el nombre, edad y circunstancias profesionales del trabajador sustituido y las características del puesto de trabajo que vaya a desempeñar el trabajador relevista.

b) **Mantenimiento de derechos.** La celebración del contrato del trabajador que se jubila parcialmente no supondrá la pérdida de los derechos adquiridos y de la antigüedad que correspondan al trabajador.

c) **Mantenimiento de los contratos de relevo y de jubilación parcial.** La D.A. 2.ª del Real Decreto 1131/2002, de 31 de octubre, establece un deber del empresario de sustitución del trabajador relevista que hubiera cesado en el trabajo por otro trabajador que se encuentre en situación de desempleo o en situación de trabajador temporal de la misma empresa.

d) **Base de cotización.** Empresa y trabajador cotizarán por la base de cotización que, en su caso, hubiese correspondido de seguir trabajando éste a jornada completa [apdo. 2.g) del art. 215 de la LGSS] —sin perjuicio de la reducción de jornada—.

> **JURISPRUDENCIA**
>
> **STS n.º 624/2024, de 29 de abril de 2024, ECLI:ES:TS:2024:2414 y STS 1272/2023, de 21 de diciembre de 2023, ECLI:ES:TS:2023:5942**
>
> La STS subraya que la jubilación parcial está destinada a trabajadores que realizan una actividad a tiempo completo, excluyendo a los trabajadores fijos discontinuos de esta modalidad de jubilación, dado que no cumplen con el requisito de prestar servicio a tiempo completo.

Jubilación parcial con anterioridad a la edad de jubilación desde 01/04/2025

Como hemos indicado, regulación aportada por el Real Decreto-ley 11/2024, de 23 de diciembre al art. 215 de la LGSS, con efectos de 01/04/2025, ha modificado significativamente la de la jubilación parcial con anterioridad a la edad de jubilación y las condiciones del contrato de relevo necesarias al efecto.

1. Los trabajadores a tiempo completo podrán acceder a la jubilación parcial cuando reúnan los siguientes requisitos:

a) **Edad y acreditación de cotización previa.** Tener cumplida en la fecha del hecho causante una edad que sea **inferior en tres años, como máximo, a la edad que en cada caso resulte de aplicación** [art. 205.1.a) de la LGSS], y acreditar un **periodo de cotización de 33 años**, sin que, a tales efectos, se tengan en cuenta las bonificaciones o anticipaciones de la edad de jubilación que pudieran ser de aplicación al interesado, ni la parte proporcional correspondiente por pagas extraordinarias.

En el supuesto de personas con discapacidad en grado igual o superior al 33 por ciento, el período de cotización de 33 años indicado en el párrafo anterior se reducirá al de veinticinco años.

b) **Antigüedad en la empresa.** Acreditar un período de antigüedad en la empresa de, al menos, seis años inmediatamente anteriores a la fecha de la jubilación parcial.

c) **Porcentaje de reducción de la jornada del trabajador relevado.** La reducción de su jornada de trabajo (respecto a una persona trabajadora a tiempo completo comparable) debe comprenderse entre un mínimo de un 25 por ciento y un máximo del 75.

En los supuestos de **anticipación del acceso a la jubilación parcial en más de dos años respecto de la edad ordinaria de jubilación,** la reducción de jornada de trabajo durante el primer año se fijará entre un 20 y un 33 por ciento. En estos casos, **a partir del segundo año** las partes podrán alterar la reducción de la jornada dentro de los márgenes establecidos en el párrafo anterior.

d) **Base de cotización.** Que exista una correspondencia entre las bases de cotización del trabajador relevista y del jubilado parcial, de modo que la correspondiente al trabajador relevista no podrá ser inferior al 65 por ciento del promedio de las bases de cotización correspondientes a los seis últimos meses del período de base reguladora de la pensión de jubilación parcial.

e) **Duración del contrato de relevo ligada a la jubilación y obligaciones en la sustitución del trabajador relevista.**

Los contratos de relevo que se establezcan como consecuencia de una jubilación parcial tendrán **carácter indefinido y a tiempo completo.** Estos contratos deberán mantenerse al menos durante los **dos años posteriores a la extinción de la jubilación parcial** [apdo. 2.e) del art. 205 de la LGSS].

En el supuesto de que el contrato de relevo se extinga antes de que el jubilado parcial acceda a la jubilación plena en cualquiera de sus modalidades, el empresario estará obligado a celebrar un nuevo contrato en los mismos términos del extinguido. En caso de incumplimiento por parte del empresario, de las condiciones establecidas en el presente artículo en materia de contrato de relevo, será responsable del reintegro de la pensión que haya percibido el pensionista a tiempo parcial.

2. Junto a las características descritas la empresa también debe tener presente una serie de requisitos:

a) Para el cómputo de los **períodos de cotización:**

- Se tomarán períodos completos, sin que se equipare a un período la fracción del mismo.

- A los exclusivos efectos de determinar el periodo de cotización, sólo se computará el período de prestación del servicio militar obligatorio o de la prestación social sustitutoria, o del servicio social femenino obligatorio, con el límite máximo de un año.

- Sin perjuicio de la reducción de jornada, durante el período de disfrute de la jubilación parcial, **empresa y trabajador cotizarán por la base de cotización que, en su caso, hubiese correspondido de seguir trabajando éste a jornada completa.**

b) A los exclusivos efectos de determinar la **edad legal de jubilación**:

Se considerará como tal la que le hubiera correspondido al trabajador de haber seguido cotizando durante el plazo comprendido entre la fecha del hecho causante de la jubilación parcial y el cumplimiento de la edad legal de jubilación que en cada caso resulte de la aplicación de lo establecido en el art. 205.1.a) de la LGSS.

c) A los efectos de **acreditar un período de antigüedad en la empresa**:

Se computará la antigüedad acreditada en la empresa anterior si ha mediado una sucesión de empresa en los términos previstos en el artículo 44 del texto refundido de la Ley del Estatuto de los Trabajadores, o en empresas pertenecientes al mismo grupo.

d) **Compatibilidad efectiva entre trabajo y pensión**:

- En aquellos casos en los que se acceda a la jubilación parcial antes del cumplimiento de la edad legal de jubilación que en cada caso resulte de la aplicación, la compatibilidad efectiva entre trabajo y pensión permitirá, la **acumulación del tiempo de trabajo en periodos de días en la semana, semanas en el mes, meses en el año u otros periodos de tiempo**, de conformidad con lo dispuesto en pacto individual o, en su caso, en la negociación colectiva, en todas sus expresiones, incluido el acuerdo de centro de trabajo, sin que en ningún ámbito se pueda limitar o impedir su uso.

- La percepción de la pensión de jubilación parcial será compatible con el puesto de trabajo a tiempo parcial resultante de la reducción de jornada.

e) Colectivos incluidos en la jubilación parcial con anterioridad a la edad de jubilación

Podrán acogerse a la jubilación parcial los **socios trabajadores o de trabajo de las cooperativas**, asimilados a trabajadores por cuenta ajena en los términos del artículo 14 de la LGSS, que reduzcan su jornada y derechos económicos en las condiciones previstas en Estatuto de los Trabajadores y cumplan los requisitos establecidos en el art. 215 de la LGSS, cuando la cooperativa concierte con un socio de duración determinada de la misma o con un desempleado la realización, en calidad de socio trabajador o de socio de trabajo en los mismos términos previstos en el Estatuto de los Trabajadores para el contrato de relevo por lo que afecta a la duración de la jornada y al vinculo como socio.

1.1.3. Jubilación parcial para trabajadores de la industria manufacturera

El RDL 20/2018, de 7 de diciembre, modificó en su momento la D.T. 4.ª de la LGSS, añadiendo un nuevo apartado, el sexto, en el que regula una nueva modalidad de jubilación parcial anticipada, que coexiste con la jubilación parcial ordinaria. Esta jubilación parcial anticipada es de aplicación exclusiva para la industria manufacturera y se rige por la normativa sobre regulación de la jubilación parcial vigente con anterioridad a la entrada en vigor de la Ley 27/2011, de 1 de agosto.

> **A TENER EN CUENTA.** A pesar de que estas medidas se crearon para el mantenimiento de la normativa anterior con un margen temporal determinado (inicialmente 31/12/2022), actualmente su aplicación se ha extendido hasta el 01/01/2030 mediante la modificación de la citada D.T. 4.ª de la LGSS por el Real Decreto-ley 11/2024, de 23 de diciembre.

La D.T. 4ª.6 de la LGSS **(con efectos de 25/12/2025)** regula la jubilación parcial en la industria manufacturera en los siguientes términos:

«6. Se seguirá aplicando la regulación para la modalidad de jubilación parcial con simultánea celebración de contrato de relevo, vigente con anterioridad a la entrada en vigor de la Ley 27/2011, de 1 de agosto, de actualización, adecuación y modernización del sistema de la Seguridad Social, a pensiones causadas antes del 1 de enero de 2030, siempre que se acrediten los siguientes requisitos:

a) Que el trabajador que solicite el acceso a la jubilación parcial realice directamente funciones que requieran esfuerzo físico o alto grado de atención en tareas de fabricación, elaboración o transformación, así como en las de montaje, puesta en funcionamiento, mantenimiento y reparación especializados de maquinaria y equipo industrial en empresas clasificadas como industria manufacturera.

b) Que el trabajador que solicite el acceso a la jubilación parcial acredite un período de antigüedad en la empresa de, al menos, seis años inmediatamente anteriores a la fecha de la jubilación parcial. A tal efecto, se computará la antigüedad acreditada en la empresa anterior si ha mediado una sucesión de empresa en los términos previstos en el artículo 44 del texto refundido de la Ley del Estatuto de los Trabajadores, aprobado por el Real Decreto Legislativo 2/2015, de 23 de octubre, o en empresas pertenecientes al mismo grupo.

c) Que en el momento del hecho causante de la jubilación parcial el porcentaje de trabajadores en la empresa cuyo contrato de trabajo lo sea por tiempo indefinido, supere el 75 por ciento del total de los trabajadores de su plantilla.

d) Que la reducción de la jornada de trabajo del jubilado parcial se halle comprendida entre un mínimo de un 25 por ciento y un máximo del 67 por ciento, o del 80 por ciento para los supuestos en que el trabajador relevista sea contratado a jornada completa mediante un contrato de duración indefinida. Dichos porcentajes se entenderán referidos a la jornada de un trabajador a tiempo completo comparable.

e) Que exista una correspondencia entre las bases de cotización del trabajador relevista y del jubilado parcial, de modo que la del trabajador relevista no podrá ser inferior al 65 por ciento del promedio de las bases de cotización correspondientes a los seis últimos meses del período de base reguladora de la pensión de jubilación parcial.

f) Que se acredite un período de cotización de treinta y tres años en la fecha del hecho causante de la jubilación parcial, sin que a estos efectos se tenga en cuenta la parte proporcional correspondiente por pagas extraordinarias. A estos exclusivos efectos, solo se computará el período de prestación del servicio militar obligatorio o de la prestación social sustitutoria, o del servicio social femenino obligatorio, con el límite máximo de un año.

En el supuesto de personas con discapacidad en grado igual o superior al 33 por ciento, el período de cotización exigido será de veinticinco años.

g) Sin perjuicio de la reducción de jornada a que se refiere la letra d), durante el período de disfrute de la jubilación parcial, empresa y trabajador cotizarán por el 80 por ciento de la base de cotización que, en su caso, hubiese correspondido al jubilado parcial de seguir trabajando este a jornada completa. Esta cotización se aplicará de forma gradual de acuerdo con la siguiente escala:

1.º Durante el año 2025, la base de cotización será equivalente al 40 por ciento de la base de cotización que hubiera correspondido a jornada completa.

2.º Durante el año 2026, la base de cotización será equivalente al 50 por ciento de la base de cotización que hubiera correspondido a jornada completa.

3.º Durante el año 2027, la base de cotización será equivalente al 60 por ciento de la base de cotización que hubiera correspondido a jornada completa.

4.º Durante el año 2028, la base de cotización será equivalente al 70 por ciento de la base de cotización que hubiera correspondido a jornada completa.

5.º Durante el año 2029, la base de cotización será equivalente al 80 por ciento de la base de cotización que hubiera correspondido a jornada completa.

A efectos de la aplicación de lo establecido en este apartado, la compatibilidad efectiva entre trabajo y pensión permitirá la acumulación del tiempo de trabajo en periodos de días en la semana, semanas en el mes, meses en el año u otros periodos de tiempo, de conformidad con lo dispuesto en pacto individual o, en su caso, en la negociación colectiva, en todas sus expresiones, incluido el acuerdo de centro de trabajo, sin que en ningún ámbito se pueda limitar o impedir su uso».

JUBILACIÓN PARCIAL PARA TRABAJADORES DE LA INDUSTRIA MANUFACTURERA

RDL 20/2018, de 7 de diciembre

→ Modificó en su momento la D.T. 4.ª de la LGSS manteniendo las condiciones de acceso a la jubilación parcial vigentes con anterioridad a la entrada en vigor de la Ley 27/2011, de 1 de agosto.

→ La aplicación de las medidas especiales se han ampliado hasta **01/01/2030 (RD-ley 11/2024, de 23 de diciembre).**

Resulta de aplicación la regulación anterior a la entrada en vigor de la Ley 27/2011 con **ciertas peculiaridades:**

Sectores de actividad, trabajos y empresas en los que se admite esta modalidad de jubilación parcial	Apdo. c) del Anexo del RD 475/2007, de 13 de abril.
Edad para poder jubilarse de forma parcial	61 años → Sin tener en cuenta las bonificaciones o anticipaciones de edad de jubilación a que tuviera derecho el interesado.
Antigüedad en la empresa	Al menos 6 años inmediatamente anteriores a la fecha de la jubilación parcial (en caso de sucesión de empresa según art. 44 del ET).
Cotización previa necesaria	33 años (25 años en caso de discapacidad) → Computan, con el límite máximo de un año, el periodo de prestación del servicio militar, de la prestación social sustitutoria o el servicio social obligatorio de la mujer.
Reducción de jornada del trabajador que se jubila parcialmente	Entre un mínimo de un 25 % y un máximo del 67 %, o del 80 % para los supuestos en que el trabajador relevista sea contratado a jornada completa mediante un contrato de duración indefinida. Se permite acumulación del tiempo de trabajo en periodos de días en la semana, semanas en el mes, meses en el año u otros periodos de tiempo.
Requisitos que de cumplir la empresa	- Acreditar que el 75 % de sus trabajadores tiene un contrato indefinido en el momento de solicitud de la jubilación parcial [D.T. 4.ª. 6.c) de la LGSS]. - Suscripción de un contrato de relevo con otro trabajador/a desempleado o contratado temporalmente por la empresa. - Correspondencia entre las bases de cotización del trabajador relevista y del jubilado parcial no inferior al 65%.
Correspondencia entre la cotización del jubilado parcial y el trabajador relevista	La cotización del relevista no podrá ser inferior al 80% de la base de cotización que hubiese correspondido al jubilado parcial de seguir trabajando este a jornada completa de acuerdo con la escala del art. 215.g) de la LGSS.

En relación con la exigencia del apdo. 6.a) de la D.T.4.ª, el **criterio de gestión n.º 5/2019 de la Subdirección General de Ordenación y Asistencia Jurídica,** precisa lo siguiente (STSJ de Asturias n.º 2691/2022, de 27 de diciembre del 2022, ECLI:ES:TSJAS:2022:3855):

«A efectos del cumplimiento del requisito contenido en la letra a) del apartado 6 de la disposición transitoria cuarta del TRLGSS, se entenderá que las empresas afectadas por la medida son aquellas clasificadas como "industria manufacturera" cuyos códigos se correspondan con el grupo C del Código Nacional de Actividades Económicas (CNAE) 2009. (...) Las funciones del trabajador que, de acuerdo con el requisito contenido en la letra a) del apartado 6 de la disposición transitoria cuarta, requieran esfuerzo físico "relevante" o alto grado de atención, son las siguientes:

b) Tareas de fabricación, elaboración o transformación, aunque dichas tareas no se apliquen sobre maquinaria y equipo industrial.

c) Montaje, puesta en funcionamiento, mantenimiento y reparación especializados de maquinarias y equipo industrial.

El trabajador debe realizar estas funciones en el marco de su profesión habitual, por lo que será necesario acreditar que viene realizando las mismas, al menos, durante los 12 meses anteriores al hecho causante de la jubilación parcial. Para acreditar este extremo el trabajador deberá aportar, junto con la solicitud de jubilación parcial, la certificación de la empresa ajustada al modelo anexo a este criterio, avalada por el correspondiente servicio de prevención de riesgos laborales, acreditativa del puesto de trabajo desempeñado y de las condiciones requeridas al efecto».

Conforme al **criterio de interpretación n.º 1/2019 del INSS, de 25 de febrero de 2019,** lo dispuesto en el apartado 6 de la DT cuarta LGSS se circunscribe exclusivamente a los trabajadores de empresas clasificadas como industria manufacturera, que son aquellas cuyos códigos se correspondan con el grupo C de la CNAE 2009 «industria manufacturera».

A su vez, el precepto exige que los trabajadores de dichas empresas realicen las siguientes funciones, siempre que requieran esfuerzo físico relevante, o alto grado de atención y que vinieran realizándose al menos durante los 12 meses anteriores al hecho causante:

«a) tareas de fabricación, elaboración o transformación, aunque dichas tareas no se apliquen sobre maquinaria y equipo industrial; b) montaje, puesta en funcionamiento, mantenimiento y reparación especializados en maquinaria y equipo industrial".

Para la acreditación de estas funciones, así como la realización de las mismas durante los doce meses anteriores, el trabajador deberá aportar, junto con la solicitud de jubilación parcial, una certificación de empresa, avalada por el correspondiente servicio de prevención de riesgos laborales, acreditativa del puesto de trabajo desempeñado y de las condiciones requeridas al efecto».

CUESTIONES

1. Tras las modificaciones realizadas en el régimen transitorio de jubilación parcial de la industria manufacturera por el Real Decreto-ley 11/2024, de 23 de diciembre, ¿Qué novedades se aplicarán hasta el 31 de diciembre de 2029?

– Deben cumplirse los requisitos de la citada D.T. 4.ª de la LGSS.

– El requisito del porcentaje de trabajadores con contrato indefinido deberá superar el 75 % del total de su plantilla.

– Durante el período de disfrute de la jubilación parcial, empresa y trabajador cotizarán por el 80 % de la base de cotización que hubiese correspondido al jubilado parcial a jornada completa. Esta cotización se aplicará de forma gradual año a año, empezado con un 40 % durante el año 2025 y acabando en un 80 % en 2029.

2. ¿Para qué actividades se encuentra estipulada este tipo de jubilación parcial?

Solamente afectará a los trabajadores que realicen funciones que requieran esfuerzo físico o alto grado de atención en tareas de fabricación, elaboración o transformación, así como en las de montaje, puesta en funcionamiento, mantenimiento y reparación especializados de maquinaria y equipo industrial en empresas clasificadas como industria manufacturera.

El Grupo C establecido en el anexo del Real Decreto 475/2007, de 13 de abril, por el que se aprueba la Clasificación Nacional de Actividades Económicas 2009 (CNAE-2009), corresponde a actividades de la industria manufacturera, dedicada a transformar una materia prima en un bien. Engloba los siguientes subgrupos:

10. Industria de la alimentación.

11. Fabricación de bebidas.

12. Industria del tabaco.

13. Industria textil.

14. Confección de prendas de vestir.

15. Industria del cuero y del calzado.

16. Industria de la madera y del corcho, excepto muebles; cestería y espartería.

17. Industria del papel.

18. Artes gráficas y reproducción de soportes grabados: impresión, encuadernación.

19. Coquerías y refino de petróleo.

20. Industria química.

21. Fabricación de productos farmacéuticos.

22. Fabricación de productos de caucho y plásticos.

23. Fabricación de otros productos minerales no metálicos.

24. Metalurgia; fabricación de productos de hierro, acero y ferroaleaciones.

25. Fabricación de productos metálicos, excepto maquinaria y equipo.

26. Fabricación de productos informáticos, electrónicos y ópticos.

27. Fabricación de material y equipo eléctrico.

28. Fabricación de maquinaria y equipo n.c.o.p.

29. Fabricación de vehículos de motor, remolques y semirremolques.

30. Fabricación de otro material de transporte.

31. Fabricación de muebles.

32. Otras industrias manufactureras.

33. Reparación e instalación de maquinaria y equipo.

1.2. Base de cotización durante la jubilación parcial

Sin perjuicio de la reducción de jornada de trabajo realizada por el **relevado**, durante el período de disfrute de la jubilación parcial, empresa y trabajador cotizarán por la base de cotización que, en su caso, hubiese correspondido de seguir trabajando este a jornada completa [art. 215.2.f) de la LGSS].

En aplicación de lo previsto en el art. 215.2.d) de la LGSS debe existir **una correspondencia entre las bases de cotización del trabajador relevista y del jubilado parcial**, de modo que «(...) la correspondiente al trabajador relevista no podrá ser inferior al 65 por ciento del promedio de las bases de cotización correspondientes a los seis últimos meses del período de base reguladora de la pensión de jubilación parcial».

1.3. Remuneración durante la jubilación parcial: ¿cuánto se cobra con la jubilación parcial?

La remuneración durante la jubilación parcial dependerá de la aplicación del porcentaje de reducción de jornada sobre la prestación contributiva de jubilación ordinaria que hubiese correspondido y el salario sobre su jornada completa.

Cuantía de la prestación de jubilación parcial

La cantidad de una pensión por jubilación parcial no es fija, sino que dependerá de cuánto le pertenezca al trabajador en su prestación contributiva de jubilación ordinaria de haber llegado a la edad de jubilación.

Desde un punto de vista teórico, la cuantía de la pensión parcial será el resultado de aplicar el porcentaje de reducción de jornada al importe de la pensión ordinaria que le corresponde, de acuerdo con los años de cotización que acredite el trabajador en la fecha del hecho causante, pero sin la aplicación del coeficiente reductores en función de la edad (art. 12.1 del RD 1131/2002, de 31 de octubre).

El importe de la pensión no podrá ser inferior, en ningún caso, a la cuantía que resulte de aplicar ese mismo porcentaje al importe de la pensión mínima vigente en cada momento para los jubilados mayores de sesenta y cinco años, de acuerdo con las circunstancias familiares del jubilado.

Cuantía del salario durante la jubilación parcial

Para que el trabajador pueda acceder a la jubilación parcial deberá acordar con su empresa una reducción de jornada y de salario de entre un mínimo del veinticinco por ciento y un máximo del setenta y cinco por ciento.

> **A TENER EN CUENTA.** En los supuestos de anticipación del acceso a la jubilación parcial en más de dos años respecto de la edad ordinaria de jubilación, la reducción de jornada de trabajo durante el primer año se fijará entre un 20 y un 33 por ciento. En estos casos, a partir del segundo año las partes podrán alterar la reducción de la jornada dentro de los márgenes establecidos (25 %-75 %).

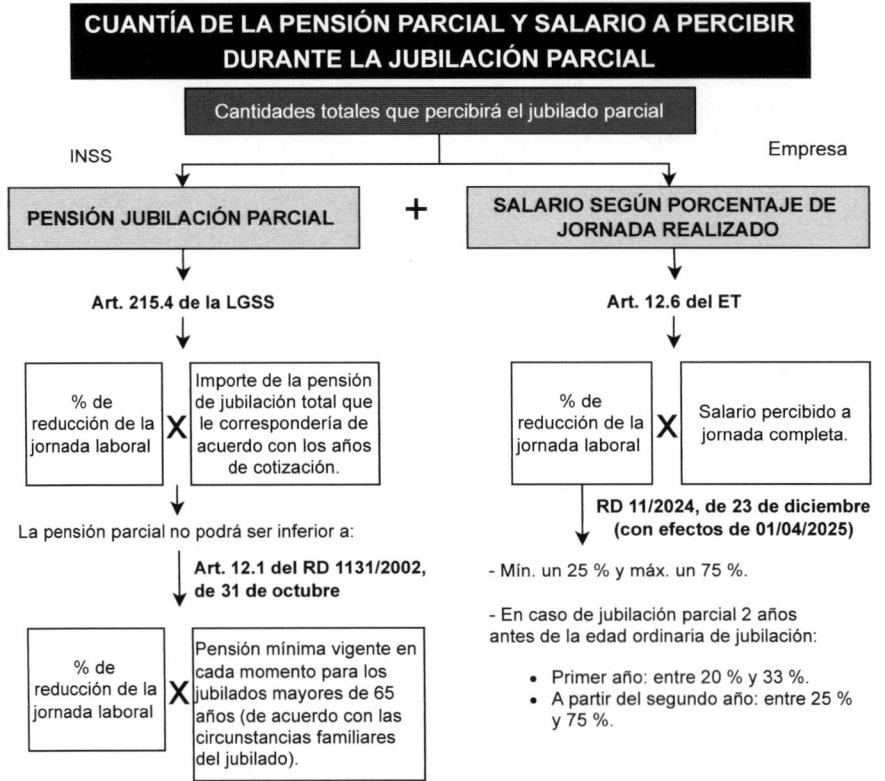

Incremento del porcentaje de jornada en jubilación parcial

Dentro de los límites establecidos para el acceso a la jubilación parcial el porcentaje de reducción de jornada podrá incrementarse por períodos anuales, a petición del trabajador jubilado parcial y con la conformidad del empresario.

En los casos en que, para el percibo de la pensión de jubilación parcial, sea preciso el mantenimiento de un contrato de relevo, la empresa deberá ofrecer al trabajador relevista la ampliación de su jornada de trabajo, en proporción a la reducción de la del jubilado parcial.

En el supuesto de que la jornada de trabajo del relevista fuese superior a la jornada dejada vacante, la ampliación a la que se refiere el párrafo anterior tendrá como límite la aplicación de la jornada a tiempo completo establecida en el convenio colectivo de aplicación o, en su defecto, de la jornada ordinaria máxima legal.

De no ser aceptada por el relevista la ampliación de su jornada, la empresa deberá contratar, por la jornada reducida por el jubilado parcial, a otro trabajador —en situación de desempleo o que tenga concertado con la empresa un contrato de duración determinada— mediante otro contrato de relevo.

En los supuestos regulados, se modificará la cuantía de la pensión, aplicando a la reconocida inicialmente el porcentaje que corresponda en función de la nueva reducción de jornada. La nueva pensión será objeto de actualización con las revalorizaciones habidas desde la fecha de efectos de la pensión de jubilación parcial inicial hasta la fecha de efectos del nuevo importe de pensión. En caso contrario, de no cumplirse lo establecido sobre la nueva contratación en relevo o ampliación de jornada del relevista existente, no podrá ampliarse la cuantía de la pensión de jubilación parcial.

A TENER EN CUENTA. La regulación de la cuantía de la pensión de jubilación parcial establecida por el art. 12 del Real Decreto 1131/2002, de 31 de octubre no ha sido objeto de modificación por parte del Real Decreto-ley 11/2024, de 23 de diciembre.

1.4. Compatibilidades, incompatibilidades y extinción de la pensión de jubilación parcial

El art. 14 del Real Decreto 1131/2002, de 31 de octubre (de compatibilidad e incompatibilidad de la pensión de jubilación parcial), configura un *numerus clausus* o lista cerrada de supuestos compatibles e incompatibles con la jubilación parcial, porque a pesar de que uno y otro apartado se subdividen en 2 y 3 subapartados respectivamente, el hecho de que en un mismo precepto se aborden la compatibilidad y la incompatibilidad separadamente, permite entender que lo contrario de cada subapartado incrementa los supuestos o subapartados del apartado contrario.

Por su parte, el art. 163 de la LGSS dispone:

«Las pensiones de este Régimen General serán incompatibles entre sí cuando coincidan en un mismo beneficiario, a no ser que expresamente se disponga lo contrario, legal o reglamentariamente.

En caso de que se cause derecho a una nueva pensión que resulte incompatible con la que se viniera percibiendo, la entidad gestora iniciará el pago o, en su caso, continuará con el abono de la pensión de mayor cuantía, en términos anuales, con suspensión de la pensión que conforme a lo anterior corresponda.

No obstante, el interesado podrá solicitar que se revoque dicho acuerdo y optar por percibir la pensión suspendida. Esta opción producirá efectos económicos a partir del día primero del mes siguiente a la solicitud».

1.4.1. Las compatibilidades de la pensión de jubilación parcial

La pensión de jubilación parcial será compatible con (art. 14.1 del RD 1131/2002, de 31 de octubre):

1. El **trabajo a tiempo parcial en la empresa** y, en su caso, con otros trabajos a tiempo parcial anteriores a la situación de jubilación parcial, siempre que no se aumente la duración de su jornada. En caso de aumentarse la jornada, la pensión de jubilación parcial se suspende (art. 215.4 de la LGSS).

2. Los **trabajos a tiempo parcial concertados con posterioridad a la situación de jubilación parcial,** cuando se haya cesado en los trabajos que se venían desempeñando con anterioridad en otras empresas, siempre que no se aumente la duración de la jornada realizada hasta entonces. En caso de aumentarse la jornada, la pensión de jubilación parcial se suspende.

3. Con la pensión de **viudedad.**

4. Con la prestación de **desempleo.** Siempre que la prestación derive de una situación legal de desempleo (arts. 262.2 y 3 de la LGSS). (STS, rec. 3337/2018, de 11 de noviembre de 2020, ECLI:ES:TS:2020:3913 y STS n.º 219/2023, de 22 de marzo de 2023, ECLI:ES:TS:2023:1364).

5. Con otras **prestaciones sustitutorias de las retribuciones que correspondieren a los trabajos a tiempo parcial concertados con anterioridad a la situación de jubilación parcial,** en los términos indicados en el párrafo anterior, a excepción de lo indicado en el apartado siguiente. El **subsidio de incapacidad temporal,** cualquiera que sea la contingencia de la que derive, causado por un trabajador en situación de jubilación parcial, será abonado en régimen de pago directo, en todo caso y por la duración que corresponda, por la entidad gestora o colaboradora pertinente, sin que opere el régimen de colaboración obligatoria a que se refiere el artículo 16.1. b) y c) de la Orden de 25 de noviembre de 1966, por la que se regula la colaboración de las empresas en la gestión del Régimen General de la Seguridad Social. La entidad gestora o colaboradora comunicará a la empresa el inicio del abono del subsidio al trabajador en régimen de pago directo, así como su finalización (D.A. 2.ª de la Orden ESS/1187/2015, de 15 de junio).

JURISPRUDENCIA

STS, rec. 4605/2005 de 20 de enero de 2009, ECLI:ES:TS:2009:157

El Tribunal Supremo, en base a la legislación aplicable, ha considerado que puede reconocerse el derecho a pensión por jubilación parcial a un trabajador por cuenta ajena que acredita la mayor parte de sus cotizaciones en el Régimen Especial de

Trabajadores Autónomos (dos tercios del total de su carrera de seguro) y que se encuentra en el Régimen General de la Seguridad Social en la fecha de la solicitud del derecho a la pensión, porque el condicionamiento del acceso a la prestación establecido por la legislación aplicable se hace depender de la existencia de un período mínimo de cotización de treinta años, abstracción hecha por tanto, del régimen de la Seguridad Social que debe reconocer y satisfacer la prestación.

RESOLUCIÓN RELEVANTE

STSJ de Madrid, rec. 2879/2005, de 21 de junio de 2005, ECLI:ES:TSJM:2005:7429

El art 14 del RD 1.131/2002 sólo permite [apartado 1.a)] la compatibilidad de la pensión correspondiente con el trabajo a tiempo parcial en la empresa, y, en su caso, con otros de igual naturaleza anteriores a la situación de jubilación parcial, «(...) siempre que no se aumente la duración de su jornada, de lo que se infiere que no existe compatibilidad con un trabajo a tiempo completo, caso que integra así un supuesto de incompatibilidad, aunque no se halle contenido en el apartado 2 del mismo artículo, relativo únicamente a las pensiones concurrentes».

CUESTIONES

1. ¿Sería compatible una situación de pluriempleo del trabajador relevista con la jubilación parcial del sustituido?

La normativa no establece prohibición alguna a la situación de pluriempleo del relevista (arts. 12.7 del ET y 10 del RD 1131/2002). La normativa se limita a analizar las posibles incompatibilidades de la jubilación parcial, es decir, se centra en la actividad del trabajador relevado. El único requisito por parte del trabajador relevista consistiría en estar inscrito en la oficina de empleo a la hora de formalizar el contrato de relevo. (STSJ de Madrid, rec. 3794/2010, de 28 de septiembre de 2010, ECLI:ES:TSJM:2010:1396).

2. ¿Qué prestaciones son compatibles con la jubilación parcial del trabajador relevado?

La norma cita explícitamente la pensión de viudedad y la prestación de desempleo. Como «(...) otras prestaciones sustitutorias de las retribuciones que correspondieran a los trabajos a tiempo parcial concertados con anterioridad a la situación de jubilación parcial», podemos entender: el subsidio de IT, prestación por nacimiento y cuidado del menor, pensión de incapacidad permanente total causada antes de la jubilación parcial y declarada para trabajo distinto al de la actividad que se mantiene, etc.

1.4.2. Las incompatibilidades de la pensión de jubilación parcial

La pensión de jubilación parcial será incompatible con (art. 14.2 del RD 1131/2002, de 31 de octubre):

- Las pensiones de incapacidad permanente absoluta y gran invalidez.

- La pensión de incapacidad permanente total para el trabajo que se preste en virtud del contrato que dio lugar a la jubilación parcial.

- La pensión de jubilación que pudiera corresponder por otra actividad distinta a la realizada en el contrato a tiempo parcial.

Como vemos, el art. 14.2 del Real Decreto 1131/2002 de 31 de octubre, establece las incompatibilidades de la jubilación parcial respecto a las pensiones de incapacidad permanente absoluta y gran invalidez y en todo caso con la pensión de jubilación que pudiera corresponder con otra actividad distinta a la realizada en el contrato de trabajo a tiempo parcial.

En relación a la **pensión de incapacidad permanente total**, se limita a aquellos supuestos en que la misma proceda por el trabajo que se preste en virtud del contrato que dio lugar a la jubilación parcial. La STS, rec. 1600/2013, de 28 de octubre de 2014, ECLI:ES:TS:2014:5785, ha establecido que la compatibilidad entre las pensiones de incapacidad permanente total y jubilación parcial causada en un mismo régimen es posible, siempre y cuando el trabajador no pase a la jubilación ordinaria. La Sala justifica este argumento en que las prestaciones de Seguridad Social tienen como función proporcionar al beneficiario una renta sustitutoria de las rentas profesionales que deja involuntariamente de percibir por el acaecimiento de tales contingencias. Es decir, atendiendo al fallo citado, cuando el prestacionista pase a jubilación ordinaria, ambas prestaciones serán incompatibles, naciendo el derecho del pensionista a optar por la prestación que considere más conveniente. (STSJ de País Vasco, rec. 975/2023, de 11 de julio del 2023, ECLI:ES:TSJPV:2023:1719).

En los casos de jubilación parcial no se tendrá derecho al complemento pensiones contributivas para la reducción de la brecha de género (art. 60 de la LGSS). No obstante, se reconocerá el complemento que proceda cuando desde la jubilación parcial se acceda a la jubilación plena, una vez cumplida la edad que en cada caso corresponda.

No se tendrá derecho al complemento por jubilación demorada en los casos de jubilación parcial.

JURISPRUDENCIA

STS n.º 639/2024, de 7 de mayo de 2024, ECLI:ES:TS:2024:2625 y STS n.º 129/2023, de 10 de febrero, ECLI:ES:TS:2023:429

El INSS no puede reclamar cantidades de jubilación parcial tras el cese laboral hasta la jubilación plena, salvo en casos de solapamiento de pensiones. (Este aspecto ha sido aclarado por el criterio de gestión del INSS n.º 15/2024, de 7 de agosto).

CUESTIONES

1. ¿La pensión de jubilación parcial es incompatible con el trabajo por cuenta propia?

El sistema de jubilación parcial para trabajadores autónomos no se ha regulado por el momento. Hasta el desarrollo reglamentario de lo dispuesto en el art. 318 de la LGSS la jubilación parcial sólo se aplica a los trabajadores por cuenta ajena a tiempo completo. En el caso de los trabajadores autónomos, la posibilidad de compatibilizar trabajo y pensión pasa por lo establecido en el art. 214 de la LGSS.

2. ¿La pensión de jubilación parcial es incompatible con el trabajo en el sector público?

La percepción de las pensiones de jubilación o retiro es incompatible con el desempeño por su titular de un puesto de trabajo en el sector público (incluidos altos cargos). Como única excepción encontramos los supuestos de profesores universitarios eméritos y personal licenciado sanitario. En concreto:

- El art. 81 y la D.A. 12.ª de la Ley Orgánica 2/2023, de 22 de marzo, del Sistema Universitario, habilita a las universidades públicas para contratar, con carácter temporal, en régimen laboral y de acuerdo con lo establecido en sus Estatutos, profesores eméritos entre funcionarios jubilados de los cuerpos docentes universitarios que hayan prestado servicios destacados a la universidad. También se establece la posible contratación de profesor asociado.

- La D.T. 35.ª [sic] en la LGSS, donde se regula la «Compatibilidad de la pensión contributiva de jubilación con el trabajo de los facultativos de atención primaria médicos de familia y pediatras, adscritos al sistema nacional de salud con nombramiento estatutario o funcionario»: «(...) siempre que la reducción de jornada sea, en todo caso, del cincuenta por ciento respecto de la jornada de un trabajador a tiempo completo comparable».

1.4.3. La extinción de la pensión de jubilación parcial

La pensión de jubilación parcial se extingue por (art. 16 del RD 1131/2002, de 31 de octubre):

- **Fallecimiento** del pensionista.

- Reconocimiento de la **jubilación ordinaria o anticipada** en virtud de cualquiera de las modalidades legalmente previstas.

- Reconocimiento de una **pensión de incapacidad permanente declarada incompatible**.

La extinción del contrato de trabajo a tiempo parcial, realizado por el jubilado parcial, salvo cuando se tenga derecho a prestación de desempleo, compatible con la jubilación parcial, o a otras prestaciones sustitutorias de las retribuciones percibidas en aquél, en cuyo caso la extinción de la jubilación parcial se producirá en la fecha de la extinción de las mismas (salvo extinciones del contrato de trabajo declaradas improcedentes, en cuyo caso se mantendrá el derecho a la jubilación parcial, sin perjuicio de las obligaciones establecidas en la D.A. 2ª del Real Decreto 1131/2002, de 31 de octubre).

JURISPRUDENCIA

STSJ Castilla y León n.º 62/2018, de 7 de febrero de 2018, ECLI: ES:TSJCL:2018:391

«De la interpretación conjunta de ambos preceptos [Arts. 14 y 16 del RD 1131/2002, de 31 de octubre], debemos destacar: de un lado, la jubilación parcial solo se extingue en supuestos de extinción del propio contrato de trabajo, lo que no es el caso de la excedencia que nos ocupa del art. 46.3 ET. De otro lado, que entre las incompatibilidades reguladas para poder tener derecho a la propia prestación de jubilación parcial no se contempla el supuesto de la reiterada excedencia por cuidado de familiar del art. 46.3 ET».

CUESTIÓN

Si después de la extinción del contrato a tiempo parcial se continúa percibiendo la prestación de jubilación parcial por no haber solicitado en tiempo y forma la jubilación total, ¿el INSS solicitará el reintegro de la pensión parcial recibida indebidamente desde que finalizó el contrato hasta la fecha de efectos de la jubilación ordinaria?

La pensión de jubilación parcial se extinguirá por la finalización del contrato a tiempo parcial realizado por el jubilado parcial [art. 16 b) y d) y 14.2 del Real Decreto 1131/2002, de 31 de octubre]. No obstante, la prestación de jubilación parcial percibida será inferior a la prestación por jubilación total a la que habría tenido derecho, por lo que el reintegro de prestaciones deberá ser analizado en cada caso. (STS n.º 129/2023, de 10 de febrero de 2023, ECLI:ES:TS:2023:429).

1.4.4. Futura modificación de la regulación de la jubilación parcial en el sistema de Seguridad Social

La D.A. 1.ª del Real Decreto-ley 11/2024, de 23 de diciembre prevé que, en el último trimestre de 2028, el Gobierno realice una evaluación del impacto de la reforma de la jubilación parcial contenida en esta norma con relación a la edad, el periodo de carencia, la ordenación de la concentración de jornada, la antigüedad en la empresa y las condiciones de empleo de los relevistas, atendiendo a las variables de sexo y actividad, que será objeto de análisis con los interlocutores sociales a efectos de los cambios normativos que resulten necesarios.

1.5. Gestiones y solicitudes para la jubilación parcial

Acceder a la jubilación parcial suele ser una labor compleja. Comprender la figura y conocer los pasos a seguir para la misma, es importante para evitar conflictividad. Aquí encontrarás una guía para conocer los elementos a considerar, desde la regulación contenida en las normas laborales y de Seguridad Social, la posible regulación convencional, hasta el paso a la jubilación ordinaria.

1.5.1. Aspectos que ambas partes deben tener presentes

Cuando empresa y persona trabajadora se plantean el acceso a la jubilación parcial suelen enfrentarse a ciertos problemas derivados de la complejidad de la figura, en mayor medida cuando comporta la necesidad de celebración de un contrato de relevo. Por eso mismo, merece la pena recalcar una serie de aspectos que ambas partes deben tener presentes:

1. De la regulación contenida en las normas laborales y de Seguridad Social (arts. 215 de la LGSS, 12.6 del ET y Real Decreto 1131/2002 de 31 de octubre y Real Decreto-ley 11/2024, de 23 de diciembre), **la empresa no está obligada legalmente a aceptar la propuesta de jubilación parcial del trabajador, ni a formalizar un contrato de relevo.**

2. **La empresa tampoco puede imponer esa fórmula de renovación de su plantilla.**

3. El reconocimiento de la jubilación parcial está condicionado a que el trabajador «alcance un acuerdo con su empleador». (STSJ de Castilla y León, rec. 1054/2022, de 26 de mayo de 2023, ECLI:ES:TSJ-CL:2023:2125).

4. Lo más habitual es que el **convenio colectivo** remita en esta materia a la normativa vigente. No obstante, por negociación colectiva es posible encontrar regulación ampliando los derechos reconocidos por el ET o precisando el ejercicio de los mismos.

Las precisiones —con mayor o menor intensidad— por parte de los convenios colectivos al regular esta situación suponen también una gran fuente de conflictividad. Las distintas situaciones que podemos encontrar (a modo no exhaustivo y sujetas a interpretación en cada caso) son:

- **Cuando la regulación convencional es inequívoca,** hemos de entender la existencia de un derecho de la persona trabajadora para acceder a la jubilación parcial (y la consiguiente obligación empresarial de facilitarla).

  Por ejemplo, cuando el convenio no solo habla de un derecho a jubilarse parcialmente y continuar prestando servicios a tiempo parcial, sino que añade una obligación del empleador «a aceptar» la propuesta que se le realiza. (STS n.º 984/2022, de 20 de diciembre del 2022, ECLI:ES:TS:2022:4796).

- **Cuando la regulación convencional no es inequívoca,** hemos de entender la necesidad de acuerdo entre las partes. (Interpretando STS n.º 236/2023, de 29 de marzo de 2023, ECLI:ES:TS:2023:1363).

- **Cuando la regulación convencional se remita de forma genérica a la normativa (caso más común) plasmado «el derecho de los trabajadores a acogerse a la jubilación parcial de acuerdo a la legislación laboral vigente»,** hemos de entender que solo comportan una genérica remisión a la normativa legal, sin introducir ningún elemento obligacional para la empresa, es decir, sin imponer a la empresa la obligación de cumplimentar las formalidades necesarias para que el trabajador pueda acceder a la jubilación parcial. (STS n.º 534/2020, de 25 de junio de 2020, ECLI:ES:TS:2020:2301).

Teniendo presente lo anterior hemos realizado una «guía» intentando reflejar las posibles situaciones hasta alcanzar la efectiva jubilación parcial y el paso desde la misma a la jubilación ordinaria.

1.5.2. ¿Qué tiene que hacer la persona trabajadora para acceder a la jubilación parcial?

Será necesario acuerdo con la empresa y solicitar la jubilación parcial a la TGSS, por ello debemos tener presente dos supuestos:

- **Jubilación parcial al amparo del art. 215.1 de la LGSS.** En estos casos entendemos que se trata de un derecho de la persona trabajadora, por lo que (de cumplir los requisitos) solo sería necesario pactar con la empresa el porcentaje de reducción de jornada.

- **Jubilación parcial al amparo del art. 215.2 de la LGSS.** Como analizaremos, la empresa no está obligada a aceptar la propuesta de jubilación parcial del trabajador en estas condiciones. Es preciso que las partes negocien y acuerden el modo en que se va a materializar la jubilación parcial con la consiguiente reducción de jornada, lo cual comporta que, si alcanzan acuerdo, la empresa esté obligada a formalizar el correspondiente contrato de relevo (arts. 215.2 de la LGSS y 12.7 del ET).

JURISPRUDENCIA

STS, rec. 30/2014, de 9 diciembre de 2014, ECLI:ES:TS:2014:5621

Estima la pretensión de que se declare la obligación empresarial de facilitar jubilaciones parciales cuando las mismas no comporten formalizar contratos de relevo y, por el contrario, desestima que se declare la obligación de facilitarlas cuando comporten la realización de dichos contratos.

STS, rec. 126/2020, de 1 de junio, ECLI:ES:TS:2022:2377 y STS, rec. 3442/2021, de 20 diciembre, ECLI:ECLI:ES:TS:2022:4796

Al margen de problemas específicos del caso, aborda el alcance de un convenio colectivo conforme al cual «La jubilación y el régimen jurídico aplicable a la misma será el establecido en la normativa general de la Seguridad Social. El personal incluido en el ámbito de aplicación del presente Convenio podrá acceder a la jubilación parcial, en los términos y condiciones que establezca la normativa vigente». Reiterando la doctrina acuñada en la STS, rec. 3046/2009, de 22 junio 2010, añade lo siguiente:

- Es requisito constitutivo para acceder a la jubilación parcial, a tenor con lo dispuesto en el art. 215.2 de la LGSS, en relación con el art. 12.6 y 7 del ET, que la empresa lo convenga así con el trabajador y formalice, a continuación, un contrato de relevo. Ahora bien, la empresa no está obligada legalmente a aceptar la propuesta de jubilación parcial del trabajado, ni tampoco a formalizar un contrato de relevo.

- Cuando se solicite la jubilación parcial por los trabajadores, que cumplan los requisitos del art. 215.2 de la LGSS, es preciso que las partes negocien y acuerden el modo en que se va a materializar la jubilación parcial con la consiguiente reducción de jornada, lo cual comporta que, si alcanzan acuerdo, la empresa esté obligada a formalizar el correspondiente contrato de relevo en los términos exigidos por el art. 215.2 de la LGSS, en relación con el art. 12.7 del ET. Cuando no se alcance acuerdo, no se vulnerarán dichos preceptos, por cuanto la empresa no está obligada a aceptar la propuesta de jubilación parcial del trabajador, cuando no convenga a sus intereses.

– Consiguientemente, acreditado que, el derecho a la jubilación parcial y la subsiguiente contratación de relevo no constituyen un derecho subjetivo perfecto del trabajador, puesto que está condicionado a que alcance un acuerdo con su empleador, es perfectamente lícito que la empresa, en el ejercicio de su poder de dirección, defina una política específica sobre la materia, que deberá aplicarse por sus centros directivos, cuando así lo aconsejen razones económicas y organizativas, como puede suceder cuando se produzcan solicitudes masivas de jubilación parcial y se incrementen, por ello, los costes de la Seguridad Social.

Como pasos por parte de la persona trabajadora para ejercer su derecho:

1. Comprobar que se cumplen los requisitos legalmente establecidos. Teniendo en cuenta los requisitos de edad y cotización analizados no siempre resultará posible este tipo de jubilación. Del mismo modo, será muy importante conocer si tenemos derecho al acceso a la jubilación parcial con o sin necesidad de que la empresa se vea obligada a formalizar un contrato de relevo en paralelo.

– **Edad**. Este requisito ha pasado de modificarse de forma gradual a fijarse en los tres años anteriores a la edad ordinaria de jubilación en cada caso.

> **A TENER EN CUENTA**. A los exclusivos efectos de determinar la edad legal de jubilación, se considerará como tal la que le hubiera correspondido al trabajador de haber seguido cotizando durante el plazo comprendido entre la fecha del hecho causante de la jubilación parcial y el cumplimiento de la edad legal de jubilación que en cada caso resulte de la aplicación de lo establecido en el art. 205.1.a) de la LGSS

– **Periodo de cotización**. Para conocer y acreditar el **requisito de cotización** será suficiente un informe de vida laboral. El informe de vida laboral refleja el período de cotización acreditado por el interesado en la fecha de obtención del citado informe (indicada en el encabezamiento). Dicho período se expresa años – meses – días.

> **A TENER EN CUENTA**. En el supuesto de personas con discapacidad en grado igual o superior al 33 por 100, el período de cotización exigido es inferior.

– **Antigüedad empresarial**. La acreditación de los 6 años en la empresa se computará a partir de la fecha de contratación inicial. A tal efecto se computará la antigüedad acreditada en la empresa anterior si ha mediado una sucesión de empresa en los términos previstos en el artículo 44 del texto refundido de la Ley del Estatuto de los Trabajadores, o en empresas pertenecientes al mismo grupo. No resultará necesario acreditar antigüedad en caso de reunir los requisitos exigidos, podrán acceder a la jubilación parcial sin necesidad de la celebración simultánea de un contrato de relevo.

2. **Analizar las exigencias del convenio colectivo en la materia.** En este caso deberemos conocer:

- El grado de obligación que el convenio impone a la empresa o su remisión a la normativa general. A falta de previsión en el convenio, la empresa puede definir su política interna sobre esta materia jubilación parcial o establecer ciertas instrucciones a nivel interno. (STS, rec. 126/2020, de 1 de junio de 2022, ES:TS:2022:2377).

- Una fijación máxima y mínima del **porcentaje de jornada a reducir.** A modo de ej., el convenio colectivo de limpieza viaria de Gipuzkoa (código n.º 20002275012004) establece: «La reducción de la jornada laboral del prejubilado será del 50 %, salvo en aquellos supuestos en los que exista acuerdo entre la empresa y la representación legal de los trabajadores para poder aplicar la reducción del 75 %».

- La fijación de una **antigüedad** concreta para el acceso a la jubilación anticipada. Si el convenio establece el derecho a jubilación parcial (con o sin contrato de relevo) de cumplir una serie de requisitos la empresa ha de acatarlo. A modo de ej., el convenio colectivo de limpieza viaria de Gipuzkoa (código n.º 20002275012004) establece: «Los trabajadores incluidos en el ámbito funcional y personal de este Convenio con una antigüedad igual o superior a 21 años en la empresa/contrata, que además cumplan con los requisitos legalmente establecidos y que lo soliciten, tendrán derecho a acceder a la jubilación parcial mediante el contrato de relevo». En este supuesto, siempre que la persona trabajadora acreditase una antigüedad en la empresa «igual o superior a 21 años» tendría derecho a la jubilación parcial con la consiguiente obligación de la empresa de concertar un contrato de relevo.

- Antes de pasar a la situación de jubilación parcial la **obligación disfrutar descansos y vacaciones acumuladas.**

- Plazos y forma de comunicación por parte de la persona trabajadora de su intención de jubilarse parcialmente.

- Etc.

JURISPRUDENCIA

STS n.º 236/2023, de 29 de marzo del 2023, ECLI:ES:TS:2023:1363

Cuando el convenio colectivo aplicable reconoce el «derecho a acceder a la jubilación parcial, al cumplir la edad y requisitos exigidos por la legislación vigente», sin mayores precisiones (como la imposición del deber empresarial de aceptar la solicitud o de celebrar el preceptivo contrato de relevo) no puede entenderse que estamos ante un verdadero y perfecto derecho que sea exigible, siendo necesario el acuerdo entre las partes de contrato de trabajo.

RESOLUCIÓN RELEVANTE

STSJ de Cantabria n.º 456/2020, de 24 junio

Examina el convenio colectivo aplicable y concluye que las empresas deben facilitar la jubilación parcial con una doble condición: 1) Que el trabajador reúna «la edad y los requisitos exigidos por la legislación vigente»; y 2) Que se pacte «el porcentaje de la jornada anual», no exigiendo un acuerdo previo entre las partes, y si el INSS denegase posteriormente la jubilación parcial, habría que cuestionarse sus consecuencias, y en particular si la situación es irreversible.

3. Cuantificar el salario y la prestación a la que se tiene derecho:

- **Salario**. Para un primer cálculo podremos calcular la parte proporcional en función a las horas de trabajo que vamos a dejar de realizar. Por ej., si cobro 1.410 euros a 40 hs. y me reduzco la jornada un 50 %, mi salario será aproximadamente 705 euros. En los supuestos de anticipación del acceso a la jubilación parcial en más de dos años respecto de la edad ordinaria de jubilación, la reducción de jornada de trabajo durante el primer año se fijará entre un 20 y un 33 por ciento. Por ej., si cobro 1.410 euros a 40 hs. y me reduzco la jornada el primer año un 33 % y a partir del segundo un 50 %, mi salario será aproximadamente de 465 euros el primer año y posteriormente 705 euros.

- **Pensión de jubilación parcial**. El importe de la pensión es directamente proporcional a aplicar el porcentaje de reducción de jornada experimentado a la jubilación total ordinaria que hubiese procedido de conformidad con las normas generales (art. 12.1 del Real Decreto 1131/2002 de 31 de octubre). Por ej., partiendo de mismo supuesto anterior, supongamos que la base de cotización es de 1.620 euros mensuales, si te hubiese correspondido un 86 % de tu base reguladora para el cálculo de la pensión de jubilación con carácter ordinario atendiendo al tiempo cotizado, si se pretende reducir la jornada al 50 %:

1.620 x 86 % = 1.393 euros pensión de jubilación ordinaria.
1.393 x 50 % = 696,60 euros de pensión jubilación parcial.

Por lo tanto, **las cuantías a recibir serían**:

705 euros en concepto de salario + 696,60 euros de pensión jubilación parcial = 1.401 euros.

En los supuestos de anticipación del acceso a la jubilación parcial en más de dos años respecto de la edad ordinaria de jubilación, atendiendo al ejemplo analizado:

1.620 x 86 % = 1.393 euros pensión de jubilación ordinaria.
El primer año: 1.393 x 33 % = 459,70 euros de pensión jubilación parcial.
El segundo año:1.393 x 50 % = 696,60 euros de pensión jubilación parcial.

Por lo tanto, **las cuantías a recibir serían**:

465 euros en concepto de salario + 459,70 euros de pensión jubilación parcial = 1384,40 el primer año.
705 euros en concepto de salario + 696,60 euros de pensión jubilación parcial = 1.401 euros a partir del segundo año.

> **A TENER EN CUENTA.** La Sede Electrónica de la Seguridad Social tiene a disposición de cualquier usuario un servicio de autocálculo de la base reguladora de la pensión de jubilación. El aplicativo permite calcular una base reguladora. El resultado tiene carácter informativo y no genera derechos ni obligaciones.

4. Comunicar a la empresa su intención de pasar a jubilación parcial manifestando la necesidad de concertar (o no) un contrato de relevo. Se recomienda una comunicación escrita indicando, como mínimo:

- Todos los datos personales necesarios.
- Fecha de entrega de la solicitud de jubilación parcial (mínimo tres meses antes del cumplimiento de la edad legal de acceso a esta modalidad de jubilación).
- Fecha de cumplimiento de la edad legal de acceso a la jubilación parcial.
- Porcentaje de reducción de jornada que solicita.
- Modalidad de acumulación de jornada y horario.

También es recomendable acompañar la solicitud de un informe de vida laboral emitido por la Tesorería General de la Seguridad Social.

5. Llegar a un acuerdo con la empresa. En caso de acuerdo, la empresa será responsable, cuando fuera necesario, de formalizar un contrato de relevo y aplicar los procedentes descuentos en la nómina. También deberá emitir los justificantes necesarios para el trabajador.

En caso de no alcanzar acuerdo, el trabajador deberá reclamar su derecho ante la jurisdicción social teniendo en cuenta todo lo analizado sobre la obligación (o no) de la empresa de atender a su solicitud.

El trabajador deberá concertar con su empresa un contrato a tiempo parcial reduciendo su jornada de trabajo y su salario entre un 25 % y un 75 % (en los supuestos de anticipación del acceso a la jubilación parcial en más de dos años respecto de la edad ordinaria de jubilación, la reducción de jornada de trabajo durante el primer año se fijará entre un 20 y un 33 por ciento).

6. Solicitud ante el Instituto Nacional de la Seguridad Social. Presentar ante el Instituto Nacional de la Seguridad Social (INSS) —de forma presencial en la sede electrónica u online— la correspondiente solicitud en modelo oficial.

> **A TENER EN CUENTA.** La solicitud debe presentarse con al menos tres meses de antelación a la fecha en la que cesará el trabajo o comience la jornada parcial, fecha en la que habrán de cumplirse todos los requisitos para el acceso a la misma, como en cualquier momento posterior, incluso habiendo ya alcanzado la edad para el acceso a la jubilación ordinaria si no se desea acceder a ella.

Al modelo oficial cumplimentado deberá adjuntarse:

- Documento Nacional de Identidad (DNI).
- Certificado de la empresa que muestre el contrato a tiempo parcial y el de relevo del sustituto, si es con contrato de relevo.

– Certificado de discapacidad igual o superior al 33 %, en su caso.

7. Resolución negativa o positiva a la solicitud de la persona trabajadora. En caso de que el INSS deniegue la solicitud de jubilación parcial, como analizaremos, será necesario presentar reclamación administrativa ante el propio Instituto Nacional de Seguridad Social y, en caso de no rectificar su criterio, demandar ante los juzgados de los social siguiendo el proceso de reclamación de prestaciones de la Seguridad Social.

En caso de que el INSS acepte la solicitud de jubilación parcial, los efectos económicos de la pensión se producirán el día siguiente al del hecho causante, siempre que en dicha fecha haya entrado en vigor el correspondiente contrato de trabajo a tiempo parcial y, caso de ser necesario, el de relevo, si la solicitud se presenta dentro de los tres meses anteriores o posteriores al momento del cese en el trabajo que venía realizándose y que es objeto de la correspondiente reducción de jornada.

En los supuestos del apartado 2 del artículo 12 los efectos del nuevo importe de pensión se producirán en la misma fecha en que se inicie la realización de la nueva jornada de trabajo por el jubilado parcial y, en su caso, por el relevista.

A TENER EN CUENTA. Si la solicitud se presenta transcurridos más de tres meses desde el cese en el trabajo que venía realizándose y que es objeto de la correspondiente reducción de jornada, o desde la fecha en que surta efectos la nueva reducción de jornada, los efectos económicos de la pensión sólo tendrán una retroactividad de tres meses, contados desde la fecha de presentación de la solicitud.

1.5.3. ¿Qué tiene que hacer la empresa en caso de la solicitud de una jubilación parcial?

Es requisito constitutivo para acceder a la jubilación parcial, a tenor con lo dispuesto en el art. 215.2 de la LGSS, en relación con el art. 12.6, 7 y 8 del ET, que la empresa lo convenga así con el trabajador y formalice, a continuación, un contrato de relevo. Por lo tanto, como hemos adelantado, la empresa no tiene una obligación legal de facilitar la reducción de jornada que supone la jubilación parcial. Ahora bien, que de la LGSS no derive el deber empresarial de posibilitar la jubilación parcial, no significa que lo previsto en la negociación colectiva no obligue a la empresa.

La jurisprudencia ha precisado de forma clara (STS, rec. 3046/2009, de 22 de junio de 2010, ECLI:ES:TS:2010:3990), que, si bien en el ámbito estricto de la Seguridad social el trabajador, que reúna los requisitos para ello, tiene pleno derecho a acceder a la jubilación anticipada parcial (art. 215.2 de la LGSS), sin embargo, desde el plano de las obligaciones previas en materia laboral, **no puede imponerse a la empresa el cambio de un contrato a tiempo completo en un trabajo parcial a los efectos de acceso a la jubilación parcial**, aunque la empresa deberá acceder a ello, en la medida de lo posible, y motivar su posible denegación, como cabe deducir del art. 12.4.e) del ET relativo a las solicitudes de conversión de contrato de trabajo a tiempo completo en otro contrato a tiempo parcial o viceversa. (STS, rec. 3888/2009, de 6 de julio de 2010, ECLI:ES:TS:2010:400 y STS, rec. 3263/2009, de 21 de septiembre de 2009, ECLI:ES:TS:2010:4905).

Como pasos por parte de la empresa en caso se solicitud de jubilación parcial por una persona trabajadora:

1. Negociar con el trabajador la posible aplicación de la jubilación parcial teniendo presente lo establecido por convenio colectivo.

– En caso de negativa a la solicitud es recomendable hacerlo por escrito y justificando esa decisión.

– En caso de alcanzar un acuerdo la empresa debe cumplir con los requisitos del contrato de relevo en informar a la seguridad social del cambio realizado en la cotización.

2. Transformar el contrato a tiempo completo del trabajador en un contrato a tiempo parcial reduciendo la jornada de trabajo y salario entre un 25 % y un 75 % (o dentro de los reiterados porcentajes en los supuestos de anticipación del acceso a la jubilación parcial en más de dos años respecto de la edad ordinaria de jubilación).

3. La empresa abonará al trabajador/a el salario equivalente al porcentaje de jornada con las revisiones anuales por incrementos de convenio colectivo y acuerdos de empresa, así como las derivadas de incrementos y ascensos o antigüedad.

4. Respecto al contrato de relevo, será necesario cumplir con las exigencias legales analizadas en la obra. Como precisiones de interés destacamos:

– La empresa deberá concertar simultáneamente a la transformación del contrato del trabajador relevado a tiempo parcial un contrato de relevo con un trabajador en situación de desempleo, o que tuviese concertado con la empresa un contrato de duración determinada, con objeto de sustituir la jornada dejada vacante por el trabajador que se jubila parcialmente. **Con efectos de 01/04/2025,** también podrá celebrarse un contrato fijo-discontinuo.

– Debe existir una correspondencia entre las bases de cotización del trabajador relevista y del jubilado parcial, de modo que la correspondiente al trabajador relevista no podrá ser inferior al 65 por ciento del promedio de las bases de cotización correspondientes a los seis últimos meses del período de base reguladora de la pensión de jubilación parcial. A modo de ejemplo:

Trabajador relevado con un promedio de las bases de cotización en los 6 últimos meses de 2.100 euros.

El trabajador relevista, contratado a tiempo parcial al 50 % de la jornada percibe un salario de 940 euros.

2.100 euros x 65 % = 1.365 euros.

La base de cotización del trabajador relevista no podrá ser inferior a 1.365 con independencia de que su retribución sea de 940 euros.

– No es necesario que el relevista ocupe el mismo puesto de trabajo del jubilado parcial, siempre que concurra coincidencia sustancial en materia de cotizaciones [STS, rec. 4475/2011, de 5 de noviembre de 2012, ECLI:ES:TS:2012:7787, clarificando los requisitos de cotización, exigidos por el art. 205.2.e) de la LGSS y art. 12.7 del ET].

– Los contratos de relevo que se establezcan como consecuencia de una jubilación parcial tendrán carácter indefinido y a tiempo completo. Estos contratos **deberán mantenerse al menos durante los dos años posteriores a la extinción de la jubilación parcial.**

A TENER EN CUENTA. En el supuesto de que el contrato de relevo se extinga antes de que el jubilado parcial acceda a la jubilación plena en cualquiera de sus modalidades, el empresario estará obligado a celebrar un nuevo contrato en los mismos términos del extinguido. En caso de incumplimiento por parte del empresario, de las condiciones establecidas en el presente artículo en materia de contrato de relevo, será responsable del reintegro de la pensión que haya percibido el pensionista a tiempo parcial. [art. 215.2.e) de la LGSS, con efectos de 01/04/2025].

CUESTIONES

1. ¿Qué se establece respecto a los salarios y cotización en caso de contrato de relevo?

El relevista debe tener una correspondencia con las bases de cotización del relevado, ya sea que ocupe el mismo puesto o un cargo similar. En concreto el art. 215.2. e) de la LGSS especifica: «Que exista una correspondencia entre las bases de cotización del trabajador relevista y del jubilado parcial, de modo que la del trabajador relevista no podrá ser inferior al 65 por ciento del promedio de las bases de cotización correspondientes a los seis últimos meses del período de base reguladora de la pensión de jubilación parcial».

El relevado cobra su salario en proporción a la jornada parcial que ha adquirido (y en proporción inversa la pensión).

2. En caso de que se detecte alguna irregularidad en la jubilación parcial del relevado, ¿el contrato de relevo del relevista se transformará en indefinido?

Con efectos de 01/04/2025, los contratos de relevo que se establezcan como consecuencia de una jubilación parcial tendrán carácter indefinido y a tiempo completo. Estos contratos deberán mantenerse al menos durante los dos años posteriores a la extinción de la jubilación parcial.

JURISPRUDENCIA

STS n.º 117/2023, de 8 de febrero, ECLI:ES:TS:2023:1798

La Sala exonera a la empresa de la responsabilidad derivada de la obligación de sustituir el relevista cuyo contrato se extingue antes de la jubilación ordinaria del relevado. El cese del relevista se produce por **sucesión empresarial** al concluir su actividad en la empresa porque en su relación laboral se ha subrogado otra del sector, mientras que el trabajador jubilado permanece en la empresa originaria.

1.5.4. Actuaciones en caso de negativa por parte de la empresa o INSS

En caso de negativa por parte de la empresa o del Instituto Nacional de la Seguridad Social (INSS) a la solicitud de jubilación parcial, el trabajador puede seguir una serie de pasos para defender su derecho a la jubilación parcial.

1.5.4.1. Reclamación judicial a la empresa del derecho a jubilación parcial

En caso de negativa empresarial a la jubilación parcial, cumpliendo los requisitos para ello, corresponderá a la jurisdicción social establecer el derecho de la persona trabajadora atendiendo al alcance de la obligación empresarial de acceder a la solicitud según la regulación legal (arts. 215 de la LGSS, 12.6 del ET y Real Decreto 1131/2002 de 31 de octubre) y del convenio colectivo aplicable.

Cuando el conflicto se centre en la interpretación y aplicación de un convenio colectivo:

– Los arts. 153 a 162 de la LRJS, regulan el procedimiento de conflicto colectivo cuando la demanda afecte a intereses generales de un grupo genérico de trabajadores que versen sobre la aplicación e interpretación de una norma estatal, convenio colectivo, o práctica de una empresa. Están legitimados los sindicatos y asociaciones empresariales del ámbito de la interpretación de la norma o pacto o convenio que se discute, más representativos a nivel estatal o de CCAA.

– En los supuestos de conflicto colectivo relativo a la interpretación o aplicación del convenio deberá intervenir la comisión paritaria del mismo con carácter previo al planteamiento formal del conflicto en el ámbito de los procedimientos no judiciales a que se refiere el apartado anterior o ante el órgano judicial competente. (STS, rec. 50/2011, de 22 de abril de 2013. ECLI:ES:TS:2013:3645).

– El intento de conciliación previa resulta requisito necesario, cuyo acuerdo tendrá la misma eficacia que lo pactado en convenio. Siendo requisitos de esta demanda la designación de trabajadores y empresas afectados, y una referencia concisa a la fundamentación jurídica de la pretensión formulada, conforme al art. 155 de la LRJS.

– El proceso es urgente y preferente y la sentencia firme producirá efectos de cosa juzgada sobre los procesos individuales pendientes de resolución o que puedan plantearse, que versen sobre idéntico objeto o en relación de directa conexidad con aquél, tanto en el orden social como en el contencioso-administrativo, que quedarán en suspenso durante la tramitación del conflicto colectivo. La suspensión se acordará, aunque hubiere recaído sentencia de instancia y estuviere pendiente el recurso de suplicación y de casación, vinculando al tribunal correspondiente la sentencia firme recaída en el proceso de conflicto colectivo, incluso aunque en el recurso de casación unificadora no se hubiere invocado aquélla como sentencia contradictoria.

1.5.4.2. Reclamación judicial del derecho a jubilación parcial al INSS

El proceso especial sobre prestaciones de Seguridad Social, regulado en los arts. 140-147 de la LRJS, tiene por objeto la regulación de las **demandas formuladas en esta materia contra organismos gestores y entidades colaboradoras de prestaciones de la seguridad social** [INSS, IMSERSO, SPEE, ISM, INGESA (Instituto Nacional de Gestión Sanitaria), Mutuas, etc.].

Se trata de un proceso complejo donde encontramos **especialidades propias** para los **procesos contra organismos gestores.**

Reclamación administrativa previa en materia de prestaciones de Seguridad Social

Será requisito necesario para formular demanda en materia de prestaciones de Seguridad Social, que los interesados interpongan **reclamación previa ante la Entidad gestora** de las mismas.

En cuanto a los **efectos de la reclamación administrativa y su trámite** habrá que estar a lo dispuesto en los arts. 71 a 73 de la LRJS, estableciendo el primero de los preceptos, bajo la rúbrica «Reclamación administrativa previa en materia de prestaciones de Seguridad Social», que será requisito necesario para formular demanda en materia de prestaciones de Seguridad Social, que los interesados interpongan reclamación previa ante la Entidad gestora de las mismas. En su apartado 2 establece, que la reclamación previa deberá interponerse ante el órgano competente que haya dictado resolución sobre la solicitud inicial del interesado, en el plazo de treinta días desde la notificación de la misma, si es expresa, o desde la fecha en que, conforme a la normativa reguladora del procedimiento de que se trate, deba entenderse producido el silencio administrativo.

> **JURISPRUDENCIA**
>
> **STS, rec. 3350/2002, de 24 de marzo de 2004, ECLI:ES:TS:2004:2003**
>
> *Se advierte que «(...) la falta de reclamación previa lo que acarrea es la apertura de un trámite en el que se concede un plazo de cuatro días al interesado-beneficiario para la subsanación de la omisión. El incumplimiento del precepto por el órgano judicial, en cuanto se siguieron los trámites del juicio, determina -dada la claridad y rigidez de la exigencia legal, que incluso alcanza a las demandas "en que se invoque la lesión de un derecho fundamental"- la nulidad de las actuaciones practicadas y seguidas a partir de la presentación de la demanda, con reposición del procedimiento a tal momento procesal de presentación de la demanda. Tanto la doctrina constitucional como jurisprudencial entienden que la falta de agotamiento de la vía previa por ausencia de reclamación en tiempo y forma debe ser objeto de posible subsanación, que debió efectuar el Juzgador de instancia otorgando plazo para ello. En consecuencia, procederá acoger la petición de nulidad de actuaciones solicitada en relación con la resolución recurrida, reponiéndose aquéllas al momento de admisión de la demanda retrotrayendo las actuaciones a esta fase procesal de presentación a fin de que el Juzgado de lo Social conceda al demandante un plazo de cuatro días para subsanar el defecto de falta de reclamación previa y en su caso se continúe con el procedimiento o se acuerde lo que legalmente proceda».*

La reclamación previa deberá interponerse ante el órgano competente que haya dictado resolución sobre la solicitud inicial del interesado, en el plazo de treinta días desde la notificación de la misma, si es expresa, o desde la fecha en que, conforme a la normativa reguladora del procedimiento de que se trate, deba entenderse producido el silencio administrativo.

Si la resolución, expresa o presunta, hubiera sido dictada por una entidad colaboradora, la reclamación previa se interpondrá, en el mismo plazo, ante la propia entidad colaboradora si tuviera atribuida la competencia para resolver, o en otro caso ante el órgano correspondiente de la Entidad gestora u organismo público gestor de la prestación.

Formulada reclamación previa, la entidad deberá contestar expresamente a la misma en el plazo de cuarenta y cinco días. En caso contrario se entenderá denegada la reclamación por silencio administrativo.

El art. 72 de la LRJS establece la **vinculación de la demanda respecto a lo discutido en la reclamación administrativa previa en materia de prestaciones de seguridad social**, indicando que el proceso no podrán introducir las partes variaciones sustanciales de tiempo, cantidades o conceptos respecto de los que fueran objeto del procedimiento administrativo y de las actuaciones de los interesados o de la Administración, bien en fase de reclamación previa en materia de prestaciones de Seguridad Social o de recurso que agote la vía administrativa, salvo en cuanto a los hechos nuevos o que no hubieran podido conocerse con anterioridad. Esta salvedad, de la posibilidad de alegar hechos nuevos en el proceso judicial y no discutidos en la vía previa, se recoge igualmente en el art. 143.4 de la LRJS que dispone que en el proceso no podrán aducirse por ninguna de las partes, hechos distintos de los alegados en el expediente administrativo, salvo en cuanto a los hechos nuevos o que no hubieran podido conocerse con anterioridad. Por lo tanto, no existe ya esa vinculación proceso judicial- vía administrativa previa cuando estemos antes hechos novedosos.

CUESTIÓN

¿Qué se solicita en la reclamación administrativa previa a la vía judicial en materia de prestaciones de la Seguridad Social?

La modificación o revocación de un acto administrativo (resolución negativa) en materia de reconocimiento de prestaciones.

RESOLUCIÓN RELEVANTE

STSJ de Galicia n.º1647/2023, de 21 de marzo del 2023, ECLI:ES:TSJGAL:2023:1974

«(...) respecto a la exigibilidad de la reclamación administrativa previa y su interpretación en relación al acceso a los tribunales para el ejercicio de la tutela judicial efectiva hemos de tener en recordar la doble finalidad de la reclamación administrativa previa, que se concreta en: 1º evitar la incoación de un proceso, por lo que se otorga a la futura demandada la posibilidad de reconocer por sí misma el derecho o prestación que se le reclama, y 2 º alertar a la parte reclamada acerca de qué es lo que posteriormente va a pretender en su contra el actor, y con base en qué argumentos básicos se va a sustentar la pretensión».

Agotamiento de la vía administrativa previa antes del inicio del proceso de las prestaciones de la Seguridad Social

En las demandas formuladas en materia de prestaciones de Seguridad Social contra organismos gestores y entidades colaboradoras en la gestión se acreditará haber agotado la vía administrativa correspondiente (art 140.1 de la LRJS). Esto es, la reclamación administrativa a la que se refiere el art. 71 de la LRJS (sin variaciones tras la publicación de la D.F. 3.ª de la Ley 39/2015, de 1 de octubre).

En caso de omitirse, el LAJ dispondrá que se subsane el defecto en el plazo de cuatro días. Realizada la subsanación, se admitirá la demanda. En otro caso, dará cuenta al Tribunal para que por el mismo se resuelva sobre la admisión de la demanda (art. 140.2 de la LRJS).

Demanda en el proceso de las prestaciones de la Seguridad Social

La demanda habrá de formularse en el plazo de treinta días, a contar desde la fecha en que se notifique la denegación de la reclamación previa o desde el día en que se entienda denegada por silencio administrativo (art. 71.6 de la LRJS).

> **A TENER EN CUENTA.** Las entidades u organismos gestores de la Seguridad Social expedirán recibo de presentación o sellarán debidamente, con indicación de la fecha, las copias de las reclamaciones que se dirijan en cumplimiento de lo dispuesto en la LRJS. Este recibo o copia sellada, o el justificante de presentación por los procedimientos y registros alternativos que estén establecidos por la normativa administrativa aplicable, deberán acompañarse inexcusablemente con la demanda.

1.5.5. ¿Cómo se pasa de la jubilación parcial a la jubilación total ordinaria?

El paso entre la jubilación parcial a la jubilación total requiere la extinción del contrato a tiempo parcial, y la correspondiente solicitud de jubilación plena.

Como hemos analizado, la pensión de jubilación parcial se extingue por el reconocimiento de la jubilación ordinaria o anticipada en virtud de cualquiera de las modalidades legalmente previstas. Debemos tener presente dos supuestos:

Determinación de la base reguladora de la pensión de jubilación de un trabajador cuando ha venido precedida de la jubilación parcial con la celebración simultánea de un contrato de relevo

La principal duda en este aspecto es saber si deben computarse las cotizaciones efectuadas por el jubilado parcial, durante este periodo, con arreglo al salario que le habría correspondido si hubiese trabajado a tiempo completo, mientras permaneció en esa situación, o si deben computarse las bases de cotización realmente satisfechas durante la situación de jubilación parcial.

Las cotizaciones del periodo de trabajo a tiempo parcial (o de jubilación parcial) computarán elevándose al 100 por 100, esto es, como si durante ese periodo se hubiese trabajado a jornada completa (STS n.º 825/2020, de 1 de octubre de 2020, ECLI:ES:TS:2020:3200). El art. 18 del Real Decreto 1131/2002, de 31 de octubre, por el que se regula la Seguridad Social de los trabajadores contratados a tiempo parcial, así como la jubilación parcial, es suficientemente claro sobre este extremo:

> «(...) 2. Para el cálculo de la base reguladora de la pensión se tendrán en cuenta las bases de cotización correspondientes al período de trabajo a tiempo parcial en la empresa donde redujo su jornada y salario, incrementadas hasta el 100 por 100 de la cuantía que hubiera correspondido de haber realizado en la empresa, en dicho período, el mismo porcentaje de jornada desarrollado antes de pasar a la situación de jubilación parcial, y siempre que la misma se hubiese simultaneado con un contrato de relevo.
>
> Lo establecido en el párrafo anterior será de aplicación también por los períodos en que la jubilación parcial se hubiese simultaneado con la prestación de desempleo, compatible con la jubilación parcial, y otras prestaciones sustitutorias de las retribuciones correspondientes al trabajo a tiempo parcial, durante el período en que se hubiese simultaneado la jubilación parcial con un contrato de relevo, salvo en el caso de que el cese en el trabajo se hubiese debido a despido disciplinario procedente, en cuyo caso el beneficio de la elevación al 100 por 100 de las correspondientes bases de cotización únicamente alcanzará al período anterior al cese en el trabajo
>
> 3. A efectos de determinar el porcentaje aplicable a la base reguladora, se tomará, como período cotizado a tiempo completo, el período de tiempo cotizado que medie entre la jubilación parcial y la jubilación ordinaria o anticipada, siempre que, en ese período, se hubiese simultaneado la jubilación parcial con un contrato de relevo. (...)».

Determinación de la base reguladora de la pensión de jubilación de un trabajador cuando ha venido precedida de la jubilación parcial, pero sin la celebración simultánea de un contrato de relevo

Para los trabajadores a tiempo parcial, a efectos de acreditar los períodos de cotización necesarios para causar derecho a las prestaciones de jubilación, incapacidad permanente, muerte y supervivencia, incapacidad temporal y nacimiento y cuidado de menor se tendrán en cuenta los distintos períodos durante los cuales el trabajador haya permanecido en alta con un contrato a tiempo parcial, cualquiera que sea la duración de la jornada realizada en cada uno de ellos (art. 247.1 de la LGSS).

1.6. Novación contractual y concentración de jornada para el acceso a la jubilación parcial

El cambio de un contrato de trabajo a jornada completa a otro a tiempo parcial requiere del consentimiento de empresa y persona trabajadora. Se trata de una novación contractual por la que el trabajador relevado pasa a realizar una jornada reducida en relación con la que venía realizando.

El jubilado parcial puede acumular la jornada de todo el periodo de duración de la jubilación parcial, siempre que exista acuerdo y se cumplan requisitos como: mantener el contrato del relevista hasta la jubilación ordinaria, que el jubilado parcial perciba su salario, se mantenga su alta en la Seguridad Social y se efectúen las cotizaciones de forma prorrateada durante todo el periodo de la jubilación parcial.

1.6.1. Aclaraciones sobre la conversión de un contrato a tiempo completo en un contrato a tiempo parcial para el acceso a la jubilación parcial

Para que el trabajador pueda acceder a la jubilación parcial, en los términos establecidos en el texto refundido de la Ley General de la Seguridad Social y demás disposiciones concordantes, deberá acordar con su empresa una reducción de jornada y de salario. La Ley General de la Seguridad Social establece la jubilación parcial como una modificación de la relación laboral, por lo que, la aceptación por parte de la empresa de la solicitud de acceso a la situación de jubilación parcial presentada por el solicitante implicará la imprescindible concertación de un contrato de «duración determinada a tiempo parcial» en modelo oficial, tal y como legalmente se encuentra estipulado, desde el inicio de su acceso a la situación de jubilación parcial hasta el momento en que se jubile totalmente, pactándose expresamente el porcentaje de reducción de trabajo efectiva sobre la estipulada en el vigente convenio colectivo.

Esto significa que los elementos propios del nuevo contrato a tiempo parcial deben constar expresamente, asimismo:

- Se formalizará por escrito y en el modelo oficial.
- Deberán consignarse los elementos propios del contrato a tiempo parcial con especial atención a la jornada que la persona trabajadora realizaba antes y la que resulte como consecuencia de la reducción de su jornada de trabajo.
- Habrá que determinarse la retribución compatible con la pensión de jubilación parcial.

– Será necesario un acuerdo entre las partes [art. 12.4.e) del ET].

– Durante la jubilación parcial, el trabajador jubilado parcialmente reduce su salario, su jornada laboral (un mínimo de un 25 por 100 y un máximo del 75 por 100) y cobra una parte proporcional de la pensión que le corresponde.

– Deben cumplirse los requisitos establecidos en los arts. 205 y 215 de la LGSS sobre la necesidad de formalización (o no) en paralelo de un contrato de relevo, edad mínima, un período de cotización mínimo, etc.

– Puede concentrarse la jornada en determinados periodos del año.

– La celebración del contrato no supondrá la pérdida de los derechos adquiridos.

– La relación laboral se extinguirá al producirse la jubilación total del trabajador.

– Desde el 1 de octubre de 2023 ya no hay diferencia en el cómputo de los periodos cotizados para el reconocimiento de las prestaciones de jubilación, incapacidad permanente, muerte y supervivencia, incapacidad temporal y nacimiento y cuidado de menor entre los contratos a tiempo parcial y los contratos a tiempo completo.

– El art. 12.4.h) ET prescribe que «La jornada de los trabajadores a tiempo parcial se registrará día a día y se totalizará mensualmente, entregando copia al trabajador, junto con el recibo de salarios, del resumen de todas las horas realizadas en cada mes, tanto las ordinarias como las complementaria».

1.6.2. Posibilidad de concentrar en un periodo temporal la jornada reducida en jubilación parcial

A pesar de que la concentración de toda la jornada del jubilado parcial durante cierto periodo de tiempo, liberándose con posterioridad de prestar servicios durante el resto del año, resultaba una práctica bastante extendida por las empresas no se encontraba regulada expresamente en el art. 215 de la LGSS o la D.A.3.ª del Real Decreto 1131/2002, de 31 de octubre, lo que implicaba cierta inseguridad jurídica.

Esta forma de interpretar la jubilación parcial venía siendo rechazada por el INSS, al no considerarla adecuada a la norma ya que el trabajador en la práctica se jubila anticipadamente y no se le aplican coeficientes reductores. En concreto el Organismo había [de forma incorrecta a la luz de la posterior unificación de doctrina por parte del TS] extinguido jubilaciones parciales por este motivo y llegado a reclamar a trabajador y empresa las cantidades abonadas en concepto de prestación de jubilación parcial; en paralelo con la actuación de la Inspección de Trabajo y Seguridad Social consistente en considerar infracción sancionable la concentración horaria de los jubilados parciales por parte de las empresas.

No obstante, en la actualidad, **el jubilado parcial puede acumular su jornada interanual para dejar de trabajar antes, siempre que el contrato de relevo se mantenga hasta el cumplimiento de la edad ordinaria de jubilación del jubilado parcial y, pese a la concentración de la jornada, se cotice a la Seguridad Social por todo el periodo de jubilación parcial hasta la jubilación ordinaria.**

En estos casos será necesario concretar por escrito:

- La posibilidad de realización en jornadas completas las horas correspondientes al trabajo efectivo en cómputo anual o interanual hasta la jubilación.

- Días a jornada completa que se trabajarán para la compensación con la jornada pactada.

- Que el cumplimiento de este periodo de trabajo concentrado, en ningún caso, supondrá el cese o baja en la Seguridad Social. Para que esta opción sea válida la persona trabajadora deberá permanecer en alta de manera ininterrumpida hasta que se extinga su relación laboral por el paso a la jubilación ordinaria o el cumplimiento de la edad ordinaria de jubilación.

- La retribución y cotización correspondientes a la jornada anual a trabajar y su distribución equitativa en todas las nóminas del año, con independencia de que corresponda a un mes de prestación de servicios o no.

JURISPRUDENCIA

STS, rec. 627/2014, de 19 de enero de 2015, ECLI:ES:TS:2015:453 y STS, rec. 2142/2015, de 29 de marzo de 2017, ECLI:ES:TS:2017:1429

Analizando la posibilidad de concentrar en un periodo temporal la jornada reducida en jubilación parcial, se establece que la concentración interanual de la jornada laboral del jubilado parcial es una situación legalmente permitida. Por tanto, el contrato de relevo suscrito a tiempo parcial, con la concentración de la jornada en un periodo posterior y el posterior pase a situación de jubilación parcial, es correcto.

2.
CONTRATO DE RELEVO

El contrato de relevo se regula en los apartados 6, 7 y 8 del art. 12 del Estatuto de los Trabajadores sujeto a distintos requisitos en base al acceso a la jubilación parcial del relevado antes o después del cumplimiento de la edad ordinaria de jubilación.

2.1. Concepto y características del contrato de relevo

Este tipo de contrato se celebra con un trabajador en situación de desempleo o que tuviese concertado con la empresa un contrato de duración determinada o fijo discontinuo, para sustituir al trabajador de la empresa que accede a la jubilación parcial.

A partir del 1 de abril de 2025 la dinámica de esta modalidad contractual experimentará una serie de modificaciones importantes asociadas a la mejora de la compatibilidad de la pensión de jubilación con el trabajo impulsada por el Real Decreto-ley 11/2024, de 23 de diciembre, toda vez que la nueva regulación de la jubilación parcial (art. 215 de la LGSS) está indisolublemente vinculada la reducción de jornada del trabajador que se jubila parcialmente, sea de forma anticipada o con la edad ordinaria, así como el contrato de relevo simultáneo a la jubilación parcial. De esta forma, **con efectos de 01/04/2025**:

– **Art. 12.6 del Estatuto de los Trabajadores**: regula la reducción de jornada del trabajador que accede a la jubilación parcial **antes de alcanzar la edad ordinaria de jubilación**, así como la **obligación** de concertar simultáneamente un contrato de relevo indefinido y a tiempo completo.

  • Establece las mismas características en cuanto a reducción de jornada y condiciones del contrato que la Ley General de la Seguridad Social para la jubilación parcial: **a tiempo completo, por tiempo indefinido y debiendo mantenerse al menos dos años desde la fecha de la jubilación ordinaria del jubilado parcial.**

- Para el supuesto de que el contrato de relevo se extinga antes de dicho plazo, se establece la obligación del empresario de **concertar un nuevo contrato de relevo** en los mismos términos del extinguido.

- Se precisa que el contrato de relevo se celebrará con un **trabajador en situación de desempleo o que tuviese concertado con la empresa un contrato de duración determinada o un contrato de fijo discontinuo,** debiendo en este último caso contratar un nuevo fijo discontinuo para la cobertura de la actividad dejada por el nuevo relevista.

- En paralelo el **apdo. 2 del art. 215 de la LGSS** establece los requisitos obligatorios para el acceso a la jubilación parcial del trabajador relevado antes de alcanzar la edad ordinaria de jubilación.

- **Art. 12.7 del Estatuto de los Trabajadores:** regula el supuesto en que el trabajador se jubile parcialmente teniendo **cumplida la edad ordinaria de jubilación,** así como la **posibilidad** de concertar simultáneamente un contrato de relevo por tiempo indefinido o de duración determinada por el tiempo en que se mantenga la jubilación parcial (mínimo un año).

  - Establece la posibilidad de celebrar un **contrato de relevo, de duración determinada o por tiempo indefinido,** en cuyo caso su duración será coincidente con el tiempo en que se mantenga la jubilación parcial y, en todo caso, con un mínimo de un año y cuya jornada, como mínimo, será por la dejada vacante por el jubilado parcial.

  - Este contrato debe celebrarse con un trabajador desempleado o que tuviese concertado con la empresa un contrato de duración determinada.

  - En paralelo el **apdo. 1 del art. 215 de la LGSS** establece los requisitos obligatorios para el acceso a la jubilación parcial del trabajador relevado tras alcanzar la edad ordinaria de jubilación.

En cualquier caso, esta modalidad contractual:

- Deberá formalizarse **por escrito.**

- La ejecución del contrato a tiempo parcial será **compatible con la retribución del jubilado parcial** (art. 12.8 del ET).

- El **puesto de trabajo** del trabajador relevista y el del trabajador sustituido podrá ser el mismo o diferente.

- El **horario** de trabajo podrá completar el del trabajador sustituido o simultanearse con él.

- En la **negociación colectiva** se podrán establecer medidas para impulsar la celebración de contratos de relevo.

- En caso de formalizarse un contrato de relevo de duración determinada (art. 12.7, párrafo segundo), a la finalización del mismo la persona trabajadora tendrá derecho a recibir una **indemnización** de cuantía equivalente a la parte proporcional de la cantidad que resultaría de abonar doce días de salario por cada año de servicio, o la establecida, en su caso, en la normativa específica que sea de aplicación [art. 49.1.c) del ET].

– La **transformación en indefinidos** de contratos de relevo, cualquiera que sea la fecha de su celebración, dará derecho a una bonificación en la cotización de 55 euros/mes durante los tres años siguientes. En el caso de mujeres, dicha bonificación será de 73 euros/mes. La bonificación seguirá los términos establecidos en los arts. 10 y 24 del Real Decreto-ley 1/2023, de 10 de enero.

Contrato de relevo	NO cumplida la edad ordinaria de jubilación por parte del relevado. (Art. 12.6 del ET)	**Obligación para el acceso a la jubilación parcial del relevado**	Concertar simultáneamente a la jubilación parcial un **contrato de relevo indefinido y a tiempo completo.** Cumplir los **requisitos del art. 215.2 de la LGSS para la jubilación parcial antes de la edad ordinaria.**
		Duración del contrato	Indefinido y a jornada completa. Desde transcurrido, al menos, dos años desde la fecha de la jubilación ordinaria debe mantenerse. » Si el contrato de relevo se extingue antes de dicho plazo, se establece la obligación del empresario de concertar un nuevo contrato de relevo en los mismos términos del extinguido. » El incumplimiento de esta obligación obliga a la empresa a reintegrar la pensión que haya percibido el pensionista a tiempo parcial.
		Requisitos del trabajador relevado	Los establecidos para el acceso a la jubilación parcial para los trabajadores a tiempo completo que no hayan alcanzado la edad ordinaria de jubilación siguiendo el art. 215.2 de la LGSS. Posible acumulación del tiempo de trabajo en periodos de días en la semana, semanas en el mes, meses en el año u otros periodos de tiempo según pacto o convenio. Reducir su jornada entre un 25 y un 75 %. En los supuestos de anticipación del acceso a la jubilación parcial en más de dos años respecto de la edad ordinaria de jubilación, la reducción de jornada de trabajo durante el primer año se fijará entre un 20 y un 33 por ciento. En estos casos, a partir del segundo año las partes podrán alterar la reducción de la jornada dentro de los márgenes establecidos en el párrafo anterior.

Contrato de relevo	NO cumplida la edad ordinaria de jubilación por parte del relevado. (Art. 12.6 del ET)	Requisitos del trabajador relevista	» Encontrarse en situación de desempleo. » Tener un contrato de duración determinada en la empresa. » Tener un contrato fijo discontinuo en la empresa (según se establezca reglamentariamente).
			Su horario podrá completar el del trabajador sustituido o simultanearse con él.
			Su puesto puede ser el mismo o diferente que el del trabajador relevado.
		Cotización	Deberá existir una correspondencia entre las bases de cotización del relevista y relevado
	SÍ cumplida la edad ordinaria de jubilación por parte del relevado. (Art. 12.7 del ET)	Obligación para el acceso a la jubilación parcial del relevado	Cumplir los requisitos para causar derecho a la pensión de jubilación ordinaria (art. 215.1 de la LGSS). No es obligatorio concertar un contrato de relevo, pero se podrá celebrar (de forma indefinida o duración determinada) por la jornada dejada vacante por el jubilado parcial (art. 215.1 de la LGSS y art. 12.7 del ET).
		Duración del contrato	Cuando se concierte podrá ser: » Por tiempo indefinido. » De duración determinada: coincidente con el tiempo en que se mantenga la jubilación parcial. Como mínimo de un año.
		Requisitos del trabajador relevado	Reunir los requisitos para tener derecho a la pensión de jubilación ordinaria. Reducción de su jornada de trabajo comprendida entre un mínimo del 25 por ciento y un máximo del 75 por ciento.
		Requisitos del trabajador relevista	Trabajador desempleado o que tuviese concertado con la empresa un contrato de duración determinada.
			Su puesto de trabajo podrá ser el mismo o diferente del trabajador sustituido.
			Su jornada laboral será, como mínimo, la dejada vacante por el jubilado parcial.

JURISPRUDENCIA

STS, rec. 2860/2008, de 20 de mayo de 2009, ECLI:ES:TS:2009:4390

Para la jubilación parcial del trabajador ha de exigirse que, en el momento de la solicitud de la misma, reúna los requisitos —excepto la edad— para tener derecho a la pensión de jubilación en el Régimen General de la Seguridad Social o puede entenderse cumplido este requisito en supuestos en que reúne los requisitos para percibir pensión de jubilación en el Régimen Especial de Trabajadores

Autónomos, y no en el Régimen General de la Seguridad Social, ya que no reúne el beneficiario, en ninguno de regímenes, por separado, los periodos de carencia precisos para causar el derecho a la pensión, debiendo acudirse al cómputo recíproco de cotizaciones, siendo mayor el periodo cotizado en el Régimen Especial de Trabajadores Autónomos.

STS n.º 265/2017, de 29 de marzo de 2017, ECLI:ES:TS:2017:1429

Analizando la *acumulación interanual de jornada laboral del jubilado parcial* (reitera doctrina STS, rec. 627/2014, de 19 de enero de 2015, ECLI:ES:TS:2015:453), se concede validez del contrato de relevo suscrito para el periodo de jubilación parcial del relevado, a pesar de que este hubiese concentrado su jornada reducida (15 %) en el periodo inmediatamente posterior a la suscripción del contrato de relevo, y que tras ello no volviese a prestar servicios, accediendo a la jubilación en la fecha prevista. Aunque esa concentración del periodo a trabajar no está exactamente prevista en la D.A. tercera del RD 1131/2002 de 31 de octubre, no se aprecia fraude en tal actuar, ni perjudica los intereses en juego, tanto del relevista como de la Seguridad Social.

STS, rec. 627/2014, 19 de enero de 2015, ECLI:ES:TS:2015:453, (se confirma el criterio sostenido en STSJ Cataluña n.º 6223/2013, de 3 de octubre, ECLI:ES:TSJCAT:2013:9654)

Se valida la práctica empresarial por la que la jornada reducida de un jubilado parcial se concentra en un periodo determinado para que, de esta forma, se deje de trabajar antes.

STS n.º 30/2021, de 14 de enero de 2021, ECLI:ES:TS:2021:72

Tras las sentencias STJUE de 5 de junio de 2018 (C-677/16, Montero Mateos) y STJUE 21 de noviembre de 2018 (C-619/17, de Diego Porras II), la sala IV reitera que, ante la válida extinción de un contrato de relevo en la Administración pública, no procede el abono de la indemnización prevista en el apdo. 1.b) del artículo 53 del ET, ni la aplicación de la doctrina de la STJUE de 14 de septiembre de 2016 (C-596/14, de Diego Porras I).

STS n.º 342/2019, de 8 de mayo de 2019, ECLI:ES:TS:2019:1762

La trabajadora relevista, contratada a tiempo parcial para cubrir la parte de jornada que no realiza el trabajador jubilado parcial, ve válidamente extinguido su contrato cuando el trabajador relevado accede a la edad de jubilación y se jubila. La demandada no le abona indemnización alguna. Reclama la indemnización de veinte días de salario por año de servicio en aplicación de lo establecido en la STJUE de 14 de septiembre de 2016, asunto C-596/14, «De Diego Porras». Se aplica lo resuelto por STJUE de 5 de junio de 2018, C-574/16, Grupo Norte Facility. No procede dicha indemnización, sino la establecida en el artículo 49.1 c) del ET, teniendo en cuenta lo fijado en la D.T. 8.ª. Comparte doctrina con los asuntos deliberados este mismo día, recursos 3081/2017, 580/2018, 1464/2018, 150/2018 y 1463/2018.

STS n.º 432/2019, de 5 de junio de 2019, ECLI:ES:TS:2019:2140

Analizando *la indemnización en caso de extinción de contrato de relevo*. Se reconoce el derecho a indemnización por fin de contrato, de 8 días de salario por año de servicio (D.T. 8.ª del ET). La trabajadora relevista reclama la indemnización de veinte días de salario por año de servicio en aplicación de lo establecido en la STJUE de 14 de septiembre de 2016, asunto C-596/14, De Diego Porras I. Dicha doctrina no es de aplicación al caso, sino lo resuelto por la STJUE n.º C-574/16, de 5 de junio de 2018.

CUESTIÓN

¿El fallecimiento del trabajador relevado extingue el contrato de relevo?

La STS, rec. 1744/2009, de 25 de febrero de 2010, ECLI:ES:TS:2010:1433, atendiendo al criterio finalista de la norma, mantuvo la validez y subsistencia del contrato de relevo en un caso de fallecimiento del trabajador relevado, sobre la base de que «en su origen el contrato de relevo surge de una novación del contrato de trabajo del relevado que convierte su relación de trabajo en empleo a tiempo parcial. Pero esta conexión originaria no determina una dependencia funcional del contrato de relevo respecto de la situación de jubilación-empleo parcial. Prueba de que esta conexión es meramente externa, de coordinación y no de subordinación de un contrato a otro, es que el contrato de relevo suscrito por el relevista puede ser desde el principio un contrato de trabajo por tiempo indefinido, de conformidad con lo establecido en el apdo. 7 b) del art. 12 del Estatuto de los Trabajadores».

2.2. La persona trabajadora relevista y las condiciones previas para la correcta formalización del contrato de relevo

La existencia de un contrato de relevo irregular o la denegación de la jubilación parcial suponen cierto nivel de responsabilidad para la persona empleadora. Esto implica la necesidad de cumplir con los requisitos establecidos para que un contrato de relevo resulte válido.

La norma específica que el contrato de relevo se celebrará **con un trabajador en situación de desempleo o que tuviese concertado con la empresa un contrato de duración determinada** (apdos. 6 y 7 del art. 12 del ET y art. 10 del Real Decreto 1131/2002, de 31 de octubre). También podrá, como **novedad con efectos de 01/04/2025**, celebrarse un contrato fijo-discontinuo en los términos que se establezca reglamentariamente. Por ello debemos prestar especial cautela a las siguientes situaciones:

Contratación de un desempleado como relevista. ¿Es suficiente con que la persona contratada se encuentre en «situación de desempleo» o debe estar en «situación legal de desempleo»?

Conforme al art. 1104 del Código Civil la empresa debe poder demostrar que obró con la diligencia debida comprobando la inscripción del relevista como demandante de empleo y que no se encontraba de alta en un régimen de la Seguridad Social, cosa que si no hice (o no demuestra haber hecho), derivará en la correspondiente responsabilidad.

Atendiendo al literal de la norma parece que se requiere que el trabajador estuviera inscrito como desempleado, y no que estuviese en la situación legal de desempleo del art. 267 de la LGSS. Del mismo modo, la norma no hace referencia al tiempo en el que el posible relevista deba estar en desempleo, a limitaciones respecto a una posible vinculación anterior con la empresa, o a la posibilidad de encontrarse en desempleo parcial y que el acceso al contrato de relevo implique una situación de pluriempleo.

Dicho lo anterior, pensando en una posible interpretación restrictiva por parte del INSS, lo recomendable será formalizar este tipo de contrataciones con personas en situación legal de desempleo. No obstante, la norma se refiere a desempleo sin mayor concreción.

RESOLUCIÓN RELEVANTE

STSJ del País Vasco n.º 1541/2007, de 22 de mayo de 2007, ECLI:ES:TSJPV:2007:2923

La situación de desempleo a la que alude el reglamento de jubilación parcial no se ha de confundir con la situación legal de desempleo a la que hace referencia la Ley General de la Seguridad Social.

«No cabe considerar, a estos efectos, que el reglamento del año 2.002 imponga la situación legal de desempleo referida en el artículo 208 de la Ley General de la Seguridad Social (Texto Refundido aprobado por el Real Decreto Legislativo 1/1.004, de 20 de junio), pues, de un lado, de así quererlo así lo hubiese especificado expresamente el gobierno en el reglamento y de otro, no ha de perderse de vista que tal Real Decreto 1.131/2.002 viene determinado por el contenido de la Ley 12/2.001, cuyo objetivo es no sólo el incremento del empleo, sino también la mejora de su calidad».

Contratación de un trabajador temporal de la empresa como relevista

El art. 12.6 del Estatuto de los Trabajadores establece como segundo colectivo con el que se puede concertar un contrato de relevo antes de alcanzar la edad ordinaria de jubilación las personas trabajadoras temporales de la empresa.

Resulta difícil que prospere cualquier aplicación de un criterio restrictivo a la hora de formalizar un contrato de relevo por quien estaban en situación de contrato temporal.

RESOLUCIÓN RELEVANTE

STSJ del País Vasco, rec. 3045/2005, de 2 de mayo de 2006, ECLI:ES:TSJPV:2006:6365

«(...) en ningún momento se señala que exista un posible fraude, el que, creemos, no debe confundirse con la motivación de las partes, puesto que los relevistas, y de ello no hay ninguna duda, actúan de tal manera para mejorar sus condiciones de trabajo y acogerse a un sistema de promoción mediante la suscripción de contratos a tiempo completo, frente a su anterior condición de empleados a tiempo parcial. Realmente resulta difícil de encuadrar que la entidad gestora mantenga que no se pueden realizar los contratos de relevo por quien estaban en situación de jornada a tiempo parcial, cuando el dato objetivo es que al tiempo en que se formulan los contratos de relevo eran desempleados, incluyéndose dentro del art. 12.6 ET; y a la vez mantener que no existe fraude, puesto que solamente por la vía de cuestionar su situación de acceso al desempleo puede alcanzarse la conclusión de contrariedad al precepto indicado, que solo alude a la posibilidad de realizar contratos de relevo con quienes figuran desempleados o vinculados por una relación de duración determinada».

Contratación como relevista de un trabajador que prestó servicios con anterioridad en la empresa

Al igual que sucede en los supuestos anteriores, la norma no prohíbe que el relevista haya tenido relaciones laborales de ningún tipo con la empresa, ni períodos concretos en caso de haber existido algún tipo de contratación anterior.

Existen supuestos en los que el INSS interpreta la existencia de una extinción fraudulenta acordada con la finalidad de acceder a una posterior condición de relevista. No obstante, partiendo de la necesidad de que el trabajador se encuentre desempleado, si el ente gestor no vio fraude para el acceso al desempleo o en la extinción de la relación laboral, difícilmente podrá aplicar ningún criterio restrictivo.

Contratación como relevista de un trabajador fijo-discontinuo

Con un escueto «También podrá celebrarse un contrato fijo-discontinuo en los términos que se establezca reglamentariamente», el tercer párrafo del art. 12.6 del ET, vigente desde el 01/04/2025, deja para un futuro reglamento (o modificación del Real Decreto 1131/2002, de 31 de octubre, que no se ha realizado por el Real Decreto-ley 11/2024, de 23 de diciembre) las condiciones en las que pueda concertarse un contrato del relevista como un trabajador fijo-discontinuo.

Debemos esperar al futuro desarrollo reglamentario para despejar las dudas que nacen del preámbulo de la norma donde aparece la siguiente precisión no desarrollada en el art. 12.6 del ET: «(...) se precisa desde el punto de vista laboral que el contrato de relevo se celebrará con un trabajador en situación de desempleo o que tuviese concertado con la empresa un contrato de duración determinada o **un contrato de fijo discontinuo, debiendo en este último caso contratar un nuevo fijo discontinuo para la cobertura de la actividad dejada por el nuevo relevista**».

Contratación como relevista de un trabajador en pluriempleo o en pluriactividad

Ambas situaciones se verán limitadas a los requisitos generales que hemos ido desgranando: **que el relevista se encuentre en situación de desempleo o vinculado a la empresa por un contrato temporal.** Además, no hay previsión alguna que impida celebrar el contrato si el trabajador tuviera otro contrato a tiempo parcial con otra empresa, o desarrollara una actividad como trabajador autónomo o cualquier otra forma de prestación de servicios.

Se entiende por pluriempleo la situación del trabajador por cuenta ajena que preste sus servicios profesionales a dos o más empresarios distintos y en actividades que den lugar a su alta obligatoria en un mismo Régimen de la Seguridad Social. Debe cumplirse la exigencia de encontrarse en situación de desempleo para poder reconocer la pensión de jubilación parcial del relevado y que el contrato del relevista sea correcto.

RESOLUCIÓN RELEVANTE

STSJ de Madrid, rec. 3794/2010, de 28 de septiembre de 2010, ECLI:ES:TSJM:2010:13962

El TSJ de Madrid declara la compatibilidad de la situación de pluriempleo del trabajador relevista con la jubilación parcial del sustituido, siempre que aquél cumpla la situación legal de desempleado, como exige los arts. 12.7 del ET y 10 del RD 1131/2002. Se cumple la exigencia de encontrarse en situación de desempleo para poder reconocer la pensión de jubilación parcial.

La pluriactividad es la situación del trabajador por cuenta propia y/o ajena cuyas actividades den lugar a su alta obligatoria en dos o más Regímenes distintos del Sistema de la Seguridad Social. Para este supuesto concreto, el TS, en su ATS, rec. 1804/2018, de 16 de enero de 2019, ECLI:ES:TS:2019:1016A, entiende que «(...) el relevista cumple los requisitos establecidos en el artículo 12.7.a) del ET [actual 12.6 del ET], dado que se halla unido a la empresa con un contrato de duración determinada que se transforma en otro de carácter indefinido bajo la modalidad de contrato de relevo, sin que la situación de pluriactividad interfiera en la consecución el objetivo legal de mejora en la calidad del empleo, que es uno de los objetivos de la figura del contrato de relevo».

En sentido contrario, también en un caso de pluriactividad, al no encontrarse el relevista ni en situación de desempleo, ni vinculado a la empresa por un contrato temporal, la STSJ de Madrid, rec. 654/2014, de 6 de marzo de 2015, ECLI:ES:TSJM:2015:2815, entiende que el contrato de relevo suscrito no cumple con la finalidad de mejora de la calidad de empleo que persigue la norma.

JURISPRUDENCIA

STS, rec. 14/2011, de 21 de septiembre de 2011, ECLI:ES:TS:2011:6775

Confirma la declaración de inexistencia de responsabilidad empresarial en el pago de la pensión de jubilación parcial. Se trata de un supuesto en el que un trabajador fue contratado sucesivamente por la empresa en virtud de sendos contratos eventual y de relevo, este último referido a otro trabajador, que accedió a la jubilación parcial con reducción de su jornada en un 85 %. El juzgado razonó que, tras la reforma operada con la Ley 12/2001, el contrato de relevo también puede celebrarse con trabajadores previamente vinculados con la empresa en virtud de un contrato temporal, sin que se encuentre proscrita la condición de pluriactividad a que da lugar el hecho de que el trabajador relevista se encuentre también en alta en el RETA. El Tribunal Supremo reitera doctrina y declara que se puede celebrar un contrato de relevo con un trabajador unido a la empresa por un contrato temporal que, asimismo, desarrolla su actividad como trabajador autónomo y de alta en el RETA.

2.3. La persona trabajadora relevada y sus condiciones previas al contrato de relevo

Como hemos ido desgranando en los distintos puntos de la obra la situación del relevado depende de su edad e historial de cotización.

Los trabajadores que hayan cumplido la edad ordinaria de jubilación y reúnan los requisitos para tener derecho a la pensión, siempre que se produzca una reducción de su jornada de trabajo comprendida entre un mínimo del 25 por ciento y un máximo del 75 por ciento, podrán acceder a la jubilación parcial sin otro requisito.

Jubilación parcial con contrato de relevo

Cuando el trabajador no haya alcanzado la edad ordinaria de jubilación podrá acceder a la jubilación parcial cuando reúna los requisitos establecidos en el art. 215.2 de la LGSS, entre los que encontramos:

Edad: inferior a tres años, como máximo, a la edad que en cada caso resulte de aplicación para el acceso a la pensión ordinaria de jubilación en función de la carrera de cotización.

A los exclusivos efectos de determinar la edad legal de jubilación, se considerará como tal la que le hubiera correspondido al trabajador de haber seguido cotizando durante el plazo comprendido entre la fecha del hecho causante de la jubilación parcial y el cumplimiento de la edad legal de jubilación que en cada caso resulte de la aplicación de lo establecido en el artículo 205.1.a) de la LGSS.

Adaptando el apdo. 1.a) del art. 205 y la D.T. 7.ª de la LGSS al art. 215.2 de la LGSS, **desde el 01/04/2025:**

Año	Períodos cotizados	Edad acceso jubilación parcial con contrato de relevo
2025	38 años y 3 meses o más.	62 años.
	Menos de 38 años y 3 meses.	63 años y 8 meses.
2026	38 años y 3 meses o más.	62 años.
	Menos de 38 años y 3 meses.	63 años y 10 meses.
A partir del año 2027	38 años y 6 meses o más.	62 años.
	Menos de 38 años y 6 meses.	64 años.

Periodo de cotización previo: 33 años. En el supuesto de personas con discapacidad en grado igual o superior al 33 por ciento, el período de cotización se reducirá al de 25 años.

> **A TENER EN CUENTA.** Para el cómputo de los períodos de cotización se tomarán períodos completos, sin que se equipare a un período la fracción del mismo.

Antigüedad en la empresa: al menos, 6 años inmediatamente anteriores a la fecha de la jubilación parcial.

> **A TENER EN CUENTA.** A tal efecto se computará la antigüedad acreditada en la empresa anterior si ha mediado una sucesión de empresa en los términos previstos en el artículo 44 del texto refundido de la Ley del Estatuto de los Trabajadores, o en empresas pertenecientes al mismo grupo

Reducción de su jornada de trabajo: entre un mínimo de un 25 por ciento y un máximo del 75. Dichos porcentajes se entenderán referidos a la jornada de un trabajador a tiempo completo comparable.

> **A TENER EN CUENTA.** Si se anticipa más de dos años el acceso a la jubilación parcial (por ej. 3 años antes), la reducción de jornada durante el primer año será de como mínimo un 20 % y como máximo un 33 %.

Mantenimiento de la base de cotización: sin perjuicio de la reducción de jornada, durante el período de disfrute de la jubilación parcial, empresa y trabajador cotizarán por la base de cotización que, en su caso, hubiese correspondido de seguir trabajando este a jornada completa.

> **A TENER EN CUENTA.** Debe existir una correspondencia entre las bases de cotización del trabajador relevista y del jubilado parcial, de modo que la correspondiente al trabajador relevista no podrá ser inferior al 65 por ciento del promedio de las bases de cotización correspondientes a los seis últimos meses del período de base reguladora de la pensión de jubilación parcial

Jubilación parcial sin contrato de relevo

Los trabajadores que hayan cumplido la edad ordinaria en cada momento y reúnan los requisitos para causar derecho a la pensión de jubilación, siempre que se produzca una reducción de su jornada de trabajo comprendida entre un mínimo del 25 por ciento y un máximo del 75 por ciento, podrán acceder a la jubilación parcial sin necesidad de la celebración simultánea de un contrato de relevo.

Edad: en este caso la norma nos habla del cumplimiento de la edad ordinaria de jubilación, por lo que atendiendo al apdo. 1.a) del art. 205 y la D.T. 7.ª de la LGSS, **desde el 01/04/2025:**

Año	Períodos cotizados	Edad acceso jubilación parcial sin contrato de relevo
2025	38 años y 3 meses o más.	65 años.
2025	Menos de 38 años y 3 meses.	66 años y 8 meses.
2026	38 años y 3 meses o más.	65 años.
2026	Menos de 38 años y 3 meses.	66 años y 10 meses.
A partir del año 2027	38 años y 6 meses o más.	65 años.
A partir del año 2027	Menos de 38 años y 6 meses.	67 años.

2.4. Duración y formalización del contrato de relevo

Los contratos de relevo permiten que un trabajador que se acerca a la edad de jubilación pueda ser reemplazado por otro. Con carácter general, la duración del contrato de relevo debe ser indefinida y a jornada completa sujeta a un mínimo de dos años de duración tras la jubilación ordinaria del trabajador relevado.

Tras las modificaciones normativas realizadas por el Real Decreto-ley 11/2024, de 23 de diciembre, para la mejora de la compatibilidad de la pensión de jubilación con el trabajo, podemos diferenciar distintos requisitos asociados a la duración del contrato de relevo en función de la fecha del hecho causante:

2.4.1. Duración del contrato de relevo

Duración del contrato de relevo hasta el 31/03/2025

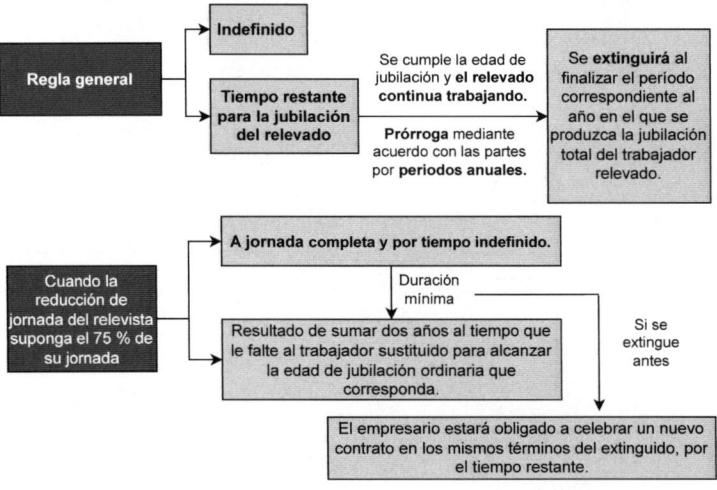

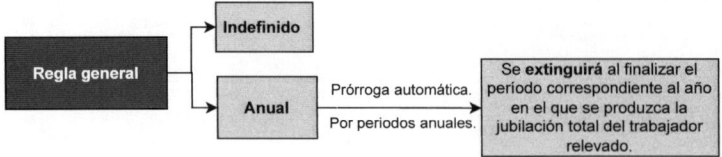

Salvo que el contrato se concierte a jornada completa y con duración indefinida, la duración del contrato de relevo que se celebre como consecuencia de una jubilación parcial tendrá que ser indefinida o, **como mínimo, igual al tiempo que falte al trabajador sustituido para alcanzar la edad establecida para jubilación** (art. 215.1 de la LGSS) o, transitoriamente, las edades previstas hasta su aplicación íntegra en el 2.027 (D.T. 7.ª LGSS).

Este nuevo puesto se puede cubrir tanto con un trabajador de la empresa que tenga un contrato de duración determinada o con un desempleado total o parcial, aunque **nunca mediante un contrato de puesta a disposición con ETT.**

Trabajador jubilado parcialmente que continúa prestando servicios al cumplir la edad de jubilación

– Si, al cumplir dicha edad, el trabajador jubilado parcialmente continuase en la empresa, **el contrato de relevo que se hubiera celebrado por duración determinada podrá prorrogarse** mediante acuerdo con las partes por períodos anuales, extinguiéndose en todo caso al finalizar el período correspondiente al año en el que se produzca la jubilación total del trabajador relevado.

Contrato de relevo indefinido. Reducción de jornada del 75 %

– Cuando se reduzca la jornada hasta un 75 % y, por tanto, **el contrato de relevo sea de carácter indefinido y a tiempo completo**, este deberá alcanzar al menos una duración igual al resultado de sumar 2 años al tiempo que le falte al trabajador sustituido para alcanzar la edad ordinaria de jubilación (art. 215 y D.T. 7.ª de la LGSS y STS n.º 949/2023, de 7 de noviembre del 2023, ECLI:ES:TS:2023:4788).

– En el supuesto de que el contrato se extinga antes de alcanzar la duración mínima indicada, el empresario estará obligado a celebrar un nuevo contrato en los mismos términos del extinguido, por el tiempo restante.

Despido del trabajador jubilado

– Según D.A. 2.ª del Real Decreto 1131/2002, de 31 de octubre.

Duración del contrato de relevo desde 01/04/2025

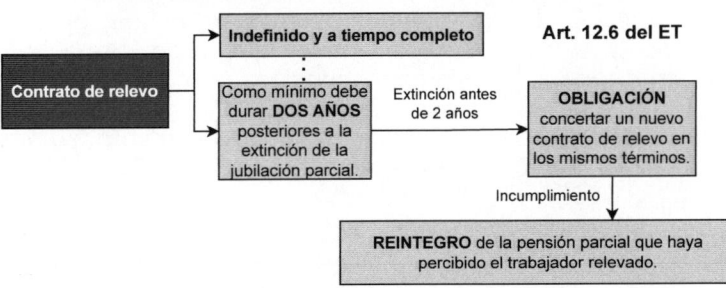

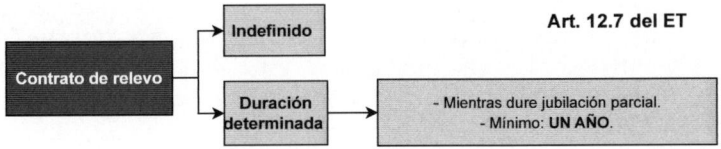

El Real Decreto-ley 11/2024, de 23 de diciembre, ha modificado la redacción del art. 12 del ET, con efectos de 01/04/2025, de forma que los contratos de relevo para aquellos que reemplazan a las personas jubiladas parcialmente sean, con carácter general, **indefinidos, a tiempo completo y con una duración mínima de dos años.**

El art. 12 del ET, como hemos desarrollado a lo largo de la obra, diferencia entre el contrato de relevo antes de que el relevado cumpla la edad de jubilación y el contrato de relevo suscrito para cubrir la vacante del relevado con posterioridad al cumplimiento de la edad ordinaria de jubilación.

Contrato de relevo NO cumplida la edad ordinaria de jubilación por parte del relevado (art. 12.6 del ET):

- Indefinido y a jornada completa.

- Desde transcurrido, al menos, dos años desde la fecha de la jubilación ordinaria debe mantenerse.

- Si el contrato de relevo se extingue antes de dicho plazo, se establece la obligación del empresario de concertar un nuevo contrato de relevo en los mismos términos del extinguido.

- El incumplimiento de esta obligación obliga a la empresa a reintegrar la pensión que haya percibido el pensionista a tiempo parcial.

Contrato de relevo SÍ cumplida la edad ordinaria de jubilación por parte del relevado (art. 12.7 del ET):

- Cuando se concierte podrá ser:

  • Por tiempo indefinido.

  • De duración determinada: coincidente con el tiempo en que se mantenga la jubilación parcial. Como mínimo de un año.

Despido del trabajador jubilado

- Si el trabajador jubilado parcialmente fuera despedido de forma improcedente antes de cumplir la edad que le permite acceder a la jubilación ordinaria o anticipada y no se procediera a su readmisión, la empresa tiene la obligación de ofrecer al trabajador relevista la ampliación de su jornada de trabajo y, de no ser aceptada por éste dicha ampliación, deberá contratar a otro trabajador. (D.A. 2.ª del Real Decreto 1131/2002, de 31 de octubre).

- Cuando la jornada de trabajo del trabajador relevista fuera superior a la jornada dejada vacante, la ampliación mencionada tendrá como límite la jornada a tiempo completo establecida en el convenio colectivo aplicable o, en su defecto, de la jornada ordinaria máxima legal.

- Si la empresa no cumple con las obligaciones anteriormente mencionadas, tendrá que abonar a la Entidad gestora el importe devengado de la prestación de jubilación parcial a partir del momento de la extinción del contrato hasta que el jubilado parcial acceda a la jubilación ordinaria o anticipada.

2.4.2. Formalización del contrato de relevo

Se formalizará siempre por escrito en modelo oficial en el que constará necesariamente el nombre, la edad y las circunstancias profesionales del trabajador sustituido, reducción de jornada que se aplica a la persona que se jubila, datos de la persona que le releva (relevista) y las tareas y duración de la jornada laboral del relevista.

> **A TENER EN CUENTA.** El trabajador relevado debe cumplir los requisitos del art. 215 de la LGSS y el trabajador relevista debe cumplir los requisitos del art. 12.6 y 12.7 del ET según corresponda.

Como consideraciones de interés podemos repetir los extremos básicos de esta modalidad contractual (art. 12.6 y 7 del ET y STS, rec. 4475/2011, de 5 de noviembre de 2012, ECLI:ES:TS:2012:7787):

- El requisito de identidad o similitud de los puestos de trabajo del jubilado parcial y del relevista, y la pertenencia al mismo grupo profesional y a la misma o equivalente categoría profesionales como criterio de definición de tales identidad o similitud, no es de exigencia ineludible, en cuanto que las propias normas legales han previsto excepciones «reglamentarias» a la misma.

- Debe existir una correspondencia entre las bases de cotización del trabajador relevista y del jubilado parcial, de modo que la correspondiente al trabajador relevista no podrá ser inferior al 65 por ciento del promedio de las bases de cotización correspondientes a los seis últimos meses del período de base reguladora de la pensión de jubilación parcial [art. 215.2.d) de la LGSS].

- El puesto de trabajo del trabajador relevista podrá ser el mismo o diferente del trabajador sustituido, llegando los Tribunales incluso a admitir que basta una correspondencia entre las bases de cotización de ambos, en los términos previstos en la LGSS.

- La percepción de la pensión de jubilación parcial será compatible con el puesto de trabajo a tiempo parcial resultante de la reducción de jornada. Durante el período de disfrute de la jubilación parcial, empresa y trabajador cotizarán por la base de cotización que, en su caso, hubiese correspondido de seguir trabajando este a jornada completa.

- La compatibilidad efectiva entre trabajo y pensión permitirá, la acumulación del tiempo de trabajo en periodos de días en la semana, semanas en el mes, meses en el año u otros periodos de tiempo, de conformidad con lo dispuesto en pacto individual o, en su caso, en la negociación colectiva, en todas sus expresiones, incluido el acuerdo de centro de trabajo, sin que en ningún ámbito se pueda limitar o impedir su uso.

Actualmente el SPEE establece cláusulas específicas para el contrato de relevo dentro del modelo de contrato temporal.

> **A TENER EN CUENTA.** Cuando el trabajador relevado reúna las condiciones generales exigidas para tener derecho a la prestación contributiva de jubilación, se identificará con el **código n.º 540**. Cuando se trate de un contrato de relevo anterior al cumplimento de la edad ordinaria de jubilación, se identificará con el

> **código n.º 441** si es a tiempo completo o con el **código n.º 541**, si el contrato de relevo se formaliza a tiempo parcial.

El contrato se deberá comunicar al Servicio Público de Empleo en los 10 días siguientes a su concertación. (STSJ de Andalucía, de 30 de septiembre de 1999, ECLI:ES:TSJAND:1999:11836).

JURISPRUDENCIA

STS, rec. 4475/2011, de 5 de noviembre de 2012, ECLI:ES:TS:2012:7787

En relación a los requisitos exigidos para el reconocimiento del derecho a la jubilación parcial especificados en los art. 215.2 de la LGSS y apdos. 6 y 7 del art. 12 del ET, el TS aclara las características que ha de reunir el contrato de relevo que la empresa deberá «concertar simultáneamente» con la jubilación parcial y, con redacción equivalente, y más concretamente, el alcance del requisito de que el puesto de trabajo que deja parcialmente libre el jubilado parcial sea «el mismo o uno similar que el que vaya a desarrollar el trabajador relevista [art. 215.2.d) LGSS y, con redacción equivalente, art. 12.7 del ET]. Limitación de la comparación de los puestos de trabajo del jubilado parcial y del relevista a la regla de correspondencia sustancial de cotizaciones sociales.

STS n.º 605/2016, de 5 de julio de 2016, ECLI:ES:TS:2016:3946

Incidencia que tiene en la validez del contrato de relevo que el trabajador relevista no estuviera inscrito como demandante de empleo: «La sentencia razona que, si bien es cierto que la empresa, en cumplimiento de lo establecido en el artículo 3.1 del RD 1194/1985, contrató A D. Maximiliano, que no estaba inscrito como demandante de empleo, pues tenía concertado con la empresa un contrato de relevo, a tiempo parcial, con duración prevista hasta el 27 de junio de 2006, el requisito de inscripción exigido por la norma ha de flexibilizarse, puesto que lo esencial es el acceso al empleo de alguien que estaba desempleado, situación que concurría en el trabajador ya que el contrato de relevo que tenía suscrito no era indefinido, sino de duración determinada, hasta el 27 de junio de 2006, fecha en la que el trabajador relevado cumplía 65 años pero, al haber accedido el trabajador sustituido a la jubilación anticipada a los 64 años, se producía su jubilación total, lo que acarreaba la extinción del contrato de D. Enrique. Cabe entender que el segundo contrato ha cumplido su función de fomento del empleo, sin que la irregularidad cometida en la contratación por la empresa venga a afectar a la temporalidad del vínculo contractual del actor».

STS, rec. 4475/2011, de noviembre de 2012, ECLI:ES:TS:2012:7787

Se afirma por la jurisprudencia que existe una relación que llama de «conexión» entre el contrato de trabajo a tiempo parcial del trabajador jubilado parcialmente y el contrato del relevista.

Tal relación se enfatiza que es una relación de conexión, que no de dependencia, con lo que se quiere decir que la Ley parte de la idea de coordinar ambos, sin que ello lleve a la idea de que uno esté subordinado al otro.

CUESTIÓN

¿El salario del relevista puede ser inferior al del trabajador relevado?

Sí. No existe la obligación de ofrecer las mismas condiciones salariales. La normativa solo obliga a respetar el salario establecido en convenio colectivo y a una correspondencia entre las bases de cotización relevista y del jubilado parcial, de modo que la correspondiente al trabajador relevista no podrá ser inferior al 65 % del promedio de las bases de cotización correspondientes a los seis últimos meses del período de base reguladora de la pensión de jubilación parcial.

2.5. Jornada laboral del contrato de relevo

El contrato de relevo podrá celebrarse a **jornada completa o a tiempo parcial**. La duración de la jornada deberá ser, como mínimo, **igual a la reducción de la jornada acordada por el trabajador sustituido**

Como hemos reiterado, el contrato de relevo se celebra para reemplazar a un empleado que ha optado por la jubilación parcial de forma anticipada (antes de alcanzar la edad ordinaria de jubilación) o demorada (tras superar la edad ordinaria de jubilación). Esta situación, asociada a las exigencias normativas establecidas por los arts. 12 del ET y 215 de la LGSS, suponen la necesidad de **concretar por escrito dos situaciones asociadas a la jornada laboral:**

– **Persona trabajadora relevista**: según corresponda será necesario formalizar un contrato indefinido y a jornada completa o existe la posibilidad de concertar un contrato de duración determinada por la parte de la jornada que el relevado deja de hacer.

– **Persona trabajadora relevada**: la reducción de la jornada laboral del trabajador relevado en proporción inversa al porcentaje de jubilación parcial que percibirá.

Sobre la duración de la jornada, por tanto, nos encontramos distintos porcentajes de aplicación en función de la necesidad (o no) de contrato de relevo asociada a la edad de acceso a la jubilación parcial:

– **Los trabajadores que hayan cumplido la edad ordinaria de jubilación pueden acceder a la jubilación parcial sin necesidad de contrato de relevo de cumplir los requisitos.** En este caso será necesario reducir la jornada un mínimo de un 25 por 100 y un máximo del 75 por 100 (art. 215.1 de la LGSS, **con efectos de 01/04/2025).**

– **Los trabajadores que NO hayan cumplido la edad ordinaria de jubilación, para el acceso a la jubilación parcial con carácter simultáneo se celebre un contrato de relevo** (art. 215.2 de la LGSS, **con efectos de 01/04/2025):**

 • **Con carácter general**: un mínimo de un 25 por 100 y un máximo del 75 por 100.

 • **En los supuestos de anticipación del acceso a la jubilación parcial en más de dos años respecto de la edad ordinaria de jubilación: la reducción de jornada de trabajo durante el primer año se fijará entre un 20 y un 33 por ciento.** En estos casos, a partir del segundo año las partes podrán alterar la reducción de la jornada dentro de los márgenes establecidos en el párrafo anterior

---

A TENER EN CUENTA. Los porcentajes se entenderán referidos a la jornada de un trabajador a tiempo completo comparable [art. 215.1 y 2.c) de la LGSS y art. 12.1 del ET].

El **puesto de trabajo** del trabajador relevista podrá ser el mismo del trabajador sustituido, en todo caso, deberá existir una correspondencia entre las bases de cotización de ambos, en los términos previstos en el art. 215.2.e) de la LGSS a los que ya hemos realizado múltiples referencias.

El **horario de trabajo** del trabajador relevista podrá completar el del trabajador sustituido o simultanearse con él (art. 12.8 del ET).

JURISPRUDENCIA

STS, rec. 3884/2010 de 23 de junio de 2011, ECLI:ES:TS:2011:5095

Se declara la *ausencia de responsabilidad —en relación con el reintegro de prestaciones por jubilación parcial—por parte de la empresa* en el supuesto de que el trabajador relevista solicite una reducción de jornada por cuidado de hijo «al permanecer idéntico en su naturaleza (el contrato de relevo) y no traducirse la modificación de una de sus condiciones en el nacimiento de una vacante (...)».

2.6. Incentivos y cotización en el contrato de relevo

La transformación de los contratos de relevo y de sustitución por anticipación de la edad de jubilación en indefinidos cuenta con una bonificación de la cuota empresarial a la Seguridad Social. Respecto de los trabajadores contratos en relevo, la base de cotización para todas las contingencias y situaciones amparadas por la acción protectora del régimen de que se trate, incluidas las de desempleo, accidente de trabajo y enfermedad profesional y las demás que se recauden conjuntamente con las cuotas de Seguridad Social, se determinará conforme a lo establecido con carácter, por las retribuciones percibidas en función de las horas trabajadas.

2.6.1. Bonificaciones de cuotas por transformación de contratos de relevo en indefinidos

La transformación en indefinidos de contratos de relevo dará derecho a una bonificación en la cotización de **55 euros/mes durante los tres años siguientes**. En el caso de **mujeres, dicha bonificación será de 73 euros/mes.**

La empresa acreditará las condiciones determinantes de la aplicación de las anteriores bonificaciones de cuotas con la variación de datos necesarios para la transformación del contrato.

La cuantía y duración de los beneficios seguirán los términos establecidos en el art. 10 del Real Decreto-ley 1/2023, de 10 de enero y las reglas para el mantenimiento de empleo y posible reintegro de las bonificaciones por contratación el art. 9 del mismo RD-ley.

2.6.2. Cotización de los contratos de relevo

En aplicación de lo previsto en el art. 215.2.d) de la LGSS debe existir una correspondencia entre las bases de cotización del trabajador relevista y del jubilado parcial, de modo que «(...) la correspondiente al trabajador relevista no podrá ser inferior al 65 por ciento del promedio de las bases de cotización correspondientes a los seis últimos meses del período de base reguladora de la pensión de jubilación parcial».

Del mismo modo, el art. 215.2.f) de la LGSS establece: «Sin perjuicio de la reducción de jornada a que se refiere la letra c), durante el período de disfrute de la jubilación parcial, empresa y trabajador cotizarán por la base de cotización que, en su caso, hubiese correspondido de seguir trabajando este a jornada completa».

Lo previsto en las letras d) y f) del art. 215.2 de LGSS suponen una excepción al régimen de cotización que, con carácter general, se prevé en el artículo 147.1 del LGSS. La base de cotización correspondiente al trabajador relevista, cualquiera que sea la retribución a la que tenga derecho o la que realmente perciba, no puede ser inferior al 65 por ciento del promedio de las bases de cotización correspondientes a los seis últimos meses del período de base reguladora de la pensión del trabajador que accede a la jubilación parcial. (Criterio de gestión n.º 6/2018, de 14 de marzo de 2018. INSS).

RESOLUCIÓN RELEVANTE

STSJ Castilla y León, rec. 991/2019, de 6 de septiembre de 2019, ECLI:ES:TSJCL:2019:3511

La base de cotización de los trabajadores relevistas no se disminuirá en proporción a la jornada de trabajo efectivamente realizada. (Haciendo referencia al BNR n.º 1/2018, de 16 de abril).

CUESTIÓN

1. Persona trabajadora con un salario (con prorrata de pagas extraordinarias) de 1.800 euros/mes. Pretende solicitar una jubilación parcial del 75 por 100. ¿Qué coste tendrá para la empresa una posible jubilación parcial?

a) Salario bruto

1.800 x 75 % = 1.350 euros.

1800 euros - 1.350 = 450 euros de salario bruto mes con jubilación parcial.

b) Cotización

1.800 x 31,40 % [Contingencias Comunes (23,6 %) + Cotización por desempleo (5,5 %) + Formación Profesional (0,60 %) + FOGASA (0,20 %) + AT y EP (1,5 %)] = 565,20 euros/mes coste de cotización para la empresa. La cotización se efectuará por el 100 por 100 con indiferencia de la reducción de jornada.

Trabajador relevado	Costes sin jubilación parcial	Costes con jubilación parcial
Salario bruto	1.800	450 (75 %)
Cotización a cargo de la empresa	565,20	565,20 (100 %)

Trabajador relevado	Costes sin jubilación parcial	Costes con jubilación parcial
costo total	2.365,20	1.015,20

2. En el caso anterior, en paralelo se contratará a un trabajador relevista para cubrir el 75 por 100 de la jornada que deja el trabajador relevado. Salario relevista: 1.080 euros brutos/mes. ¿Qué coste tendrá para la empresa una teniendo presente las obligaciones de cotización asociadas a la jubilación parcial?

a) Salario bruto: 1.080 euros (la normativa reguladora no establece obligación de correlación salarial).

b) Cotización:

Promedio de las bases de cotización del relevado de los últimos seis meses, tomadas para la jubilación parcial: 1.800 euros.

1.800 (media de la cotización de los últimos 6 meses del jubilado parcial) x 65 % = 1.170 euros/mes base de cotización mínima del trabajador relevista.

1.170 x 31,40 % [Contingencias Comunes (23,6 %) + Cotización por desempleo (5,5 %) + Formación Profesional (0,60 %) + FOGASA (0,20 %) + AT y EP (1,5 %)] =

Trabajador relevista	Costes contratación no asociada a jubilación parcial	Costes contratación asociada a jubilación parcial
Salario bruto	1.080	1.080
Base de cotización	1.080	1.170 (65 % media de la cotización de los últimos 6 meses del jubilado parcial)
Cotización a cargo de la empresa	339,15 (31,40 %)	367,38 (65 % media de la cotización de los últimos 6 meses del jubilado parcial)
costo total	1.419,15	1.447,38

2.7. Suspensión, extinción e indemnización del contrato de relevo

Enlazando la finalidad perseguida por la normativa sobre jubilación parcial y contrato de relevo (STS, rec. 3309/2013, de 17 de noviembre de 2014, ECLI:ES:TS:2014:4884), la obligación de sustitución del trabajador relevista y la responsabilidad que puede derivar en el empresario en caso de su incumplimiento, analizamos las **distintas razones y causas que pueden dar lugar a la extinción o suspensión del contrato de relevo y la necesidad o no de sustitución del trabajador relevista.** (STS n.° 846/2022, de 25 de octubre de 2022, ECLI:ES:TS:2022:4078).

RESOLUCIÓN RELEVANTE

STSJ de Navarra n.° 220/2010, de 27 de julio de 2010, ECLI:ES:TSJNA:2010:623

«La normativa sobre jubilación parcial configura sus objetivos, en cuanto a creación de empleo se refieren, de una manera mucho más limitada, circunscribiéndolos, en

principio, al ámbito de la concreta empresa en la que el trabajador jubilado parcial presta sus servicios e interrelacionando de forma directa el concreto contenido del contrato de éste y sus vicisitudes con las de la contratación del trabajador relevista; pretendiéndose que, como mínimo, el tiempo de trabajo que deja libre el jubilado parcial se cubra por el relevista para que no se pierda nivel de empleo en la concreta empresa, y estableciéndose en base a dicha interrelación los mecanismos de control de la regularidad de dichas figuras contractuales a los efectos laborales y de seguridad social».

2.7.1. Suspensión del contrato de relevo

La suspensión del contrato de trabajo puede definirse como la situación de una relación laboral originada por la voluntad de las partes o por la ley, caracterizada por la exoneración temporal de las obligaciones básicas de trabajar y remunerar el trabajo, con pervivencia del vínculo jurídico. De esta definición surgen los requisitos esenciales de la suspensión:

- Temporalidad de la situación.
- No prestación de trabajo durante ella.
- No remuneración.
- Continuidad y pervivencia del contrato.

Aunque el Estatuto de los Trabajadores no define la suspensión del contrato de trabajo, enumera sus posibles causas en su artículo. 45:

- Mutuo acuerdo de las partes.
- Las consignadas válidamente en el contrato.
- Incapacidad temporal de los trabajadores.
- Nacimiento, adopción, guarda con fines de adopción o acogimiento, de conformidad con el Código Civil o las leyes civiles de las comunidades autónomas que lo regulen, de menores de seis años o de menores de edad mayores de seis años con discapacidad o que por sus circunstancias y experiencias personales o por provenir del extranjero, tengan especiales dificultades de inserción social y familiar debidamente acreditadas por los servicios sociales competentes.
- Riesgo durante el embarazo y riesgo durante la lactancia natural de un menor de nueve meses.
- Ejercicio de cargo público representativo.
- Privación de libertad del trabajador, mientras no exista sentencia condenatoria.
- Suspensión de empleo y sueldo, por razones disciplinarias.
- Fuerza mayor temporal.
- Causas económicas, técnicas, organizativas o de producción.
- Excedencia forzosa.
- Ejercicio del derecho de huelga.
- Cierre legal de la empresa.

- Decisión de la persona trabajadora que se vea obligada a abandonar su puesto de trabajo como consecuencia de ser víctima de violencia de género.

- Disfrute del permiso parental.

Nada impide que tanto el trabajador relevista, como el relevado, soliciten algún tipo de suspensión del contrato con la consiguiente exoneración de las obligaciones recíprocas de trabajar y remunerar el trabajo. No obstante, dado que la normativa asocia las consecuencias de la no contratación de un nuevo trabajador —sustituyendo al que cese— expresamente a la extinción del contrato, sin mención alguna a la suspensión, en este punto nos remitimos al análisis de la regulación de las obligaciones de sustitución del trabajador relevista para conocer algunos supuestos controvertidos en los que es posible entender una prolongada situación en la que no se prestan servicios como un «cese» a efectos de activar la obligación de contratación de un sustituto.

2.7.2. Extinción e indemnización del contrato de relevo

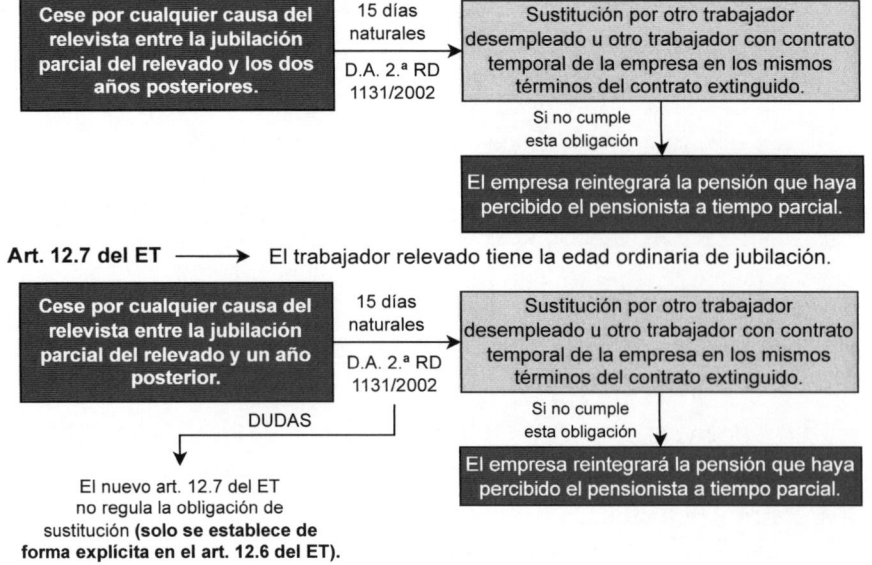

EXTINCIÓN DEL CONTRATO DE RELEVO
(Art. 12.6 y 7 del ET)

1. Extinción del contrato de relevo relacionada con el trabajador relevista

Art. 12.6 del ET ⟶ El trabajador relevado no alcanza la edad ordinaria de jubilación.

| Cese por cualquier causa del relevista entre la jubilación parcial del relevado y los dos años posteriores. | 15 días naturales D.A. 2.ª RD 1131/2002 | Sustitución por otro trabajador desempleado u otro trabajador con contrato temporal de la empresa en los mismos términos del contrato extinguido. |

Si no cumple esta obligación

El empresa reintegrará la pensión que haya percibido el pensionista a tiempo parcial.

Art. 12.7 del ET ⟶ El trabajador relevado tiene la edad ordinaria de jubilación.

| Cese por cualquier causa del relevista entre la jubilación parcial del relevado y un año posterior. | 15 días naturales D.A. 2.ª RD 1131/2002 | Sustitución por otro trabajador desempleado u otro trabajador con contrato temporal de la empresa en los mismos términos del contrato extinguido. |

DUDAS

El nuevo art. 12.7 del ET no regula la obligación de sustitución (**solo se establece de forma explícita en el art. 12.6 del ET**).

Si no cumple esta obligación

El empresa reintegrará la pensión que haya percibido el pensionista a tiempo parcial.

2. Extinción del contrato de relevo relacionada con el trabajador relevado

D.A. 2.ª RD 1131/2002

```
Despido del jubilado
parcial
```
→
```
Despido
procedente o
desistimiento
voluntario del
trabajador
relevado
```
→ No se cubre la jornada del relevado.

→ El contrato del relevista se mantiene hasta la fecha en la que el relevado hubiese alcanzado la edad ordinaria de jubilación o pase a jubilación total.

→
```
Despido improcedente
```

Readmisión

↓

El relevado retoma su jornada

No readmisión

Ofrecer al relevista la ampliación de jornada (cuando no esté a jornada completa).

Contratar a un nuevo trabajador para cubrir la jornada del relevado.

En función del trabajador cuyo contrato se extinga se abren distintas posibilidades:

A TENER EN CUENTA. Como analizaremos, al extinguirse el contrato de relevo de un empleado, la empresa deberá sustituirlo por otro desempleado o por otro de sus trabajadores con contrato temporal. Esta obligación existe, con carácter general, independientemente de la obligación o voluntariedad del contrato de relevo y la causa de extinción (ej.: dimisión, despido objetivo, despido disciplinario, etc.) en la D.A. 2.ª del Real Decreto 1131/2002, de 31 de octubre. No obstante, **con efectos de 01/04/2025**, solo se regula explícitamente en el art. 12.6 del ET.

Extinción e indemnización del contrato de la persona trabajadora relevista

En caso de formalización de un contrato de duración determinada al amparo del art. 12.7 del ET, a su finalización la persona trabajadora tendrá derecho a recibir una **indemnización de cuantía equivalente a la parte proporcional de la cantidad que resultaría de abonar doce días de salario por cada año de servicio, o la establecida, en su caso, en la normativa específica que sea de aplicación.**

A TENER EN CUENTA. Debemos entender aplicable lo establecido en el apdo. 1.c) del art. 49 del ET en relación a la exigencia de denuncia extintiva o pacto de prórroga expresa, si esta es posible, y a la necesidad de preaviso en los contratos de duración superior a un año.

Las indemnizaciones que un trabajador tiene derecho a percibir en caso de despido **pueden ser de varios tipos en función de la calificación judicial, los motivos que lo impulsan o si se trata de una finalización de contrato temporal.**

Esta modalidad de contrato, en caso de **despido improcedente del trabajador relevista**, origina una indemnización por despido improcedente de 33 días de salario por año de servicio y hasta un máximo de 24 mensualidades. En caso de **despido objetivo por causas económicas, técnicas, organizativas o de producción o colectivo**, la indemnización sería de 20 días por año de servicio con el límite de 12 mensualidades.

Para el **cálculo de la indemnización por despido** hemos de multiplicar los días por año trabajado en función del tipo de despido (33 —improcedente— o 20 —objetivo—) por el salario diario, que se calcula dividiendo por 30 los diferentes conceptos que integran el salario (base, antigüedad y plus de convenio) y sumándole el resultado de dividir el total de pagas extras entre los 365 días del año.

‖ Extinción del contrato del relevista por dimisión

La legislación laboral reconoce al trabajador la facultad de finalizar la relación de trabajo previamente constituida con su empleador mediante un acto voluntario y sin necesidad de alegar causa alguna. A la hora de actuar por parte de la empresa hemos de distinguir entre abandono del puesto de trabajo, dimisión por parte del trabajador o la inasistencia al trabajo [art. 49.1.a) y d) ET].

El desistimiento, dimisión o voluntad unilateral del trabajador de extinguir el vínculo contractual por parte del relevista en nada difiere de un caso habitual, se ejercita mediante una declaración de voluntad unilateral, constitutiva e irrevocable, que persigue la extinción del vínculo contractual preexistente, pero debe ser ejecutado conforme a las reglas de buena fe, lo que exige el cumplimiento de determinados requisitos (preaviso, no abuso). Consecuencias para el trabajador:

– Puede dar lugar a una indemnización por daños y perjuicios ocasionados a la empresa.

– El descuento en la liquidación que corresponda al trabajador los días no preavisados. La sanción al incumplimiento del plazo de preaviso por parte del trabajador no supone la nulidad del cese voluntario, sino que hace nacer el derecho de la empresa a descontar de la liquidación el importe del salario de un día por cada uno de retraso del preaviso.

– No da lugar a las prestaciones por desempleo, ya que no implica situación legal de desempleo al tratarse de una baja voluntaria.

El empresario deberá sustituirlo, en el plazo de 15 días naturales, por otro trabajador desempleado o que tuviese concertado con la empresa un contrato de duración determinada. (STS, rec. 841/2011, de 29 de noviembre de 2011, ECLI:ES:TS:2011:8804).

‖ Extinción del contrato del relevista por cumplimiento de la edad ‖ de jubilación del trabajador relevado

A la finalización del contrato temporal el trabajador relevista tendrá derecho a recibir una indemnización de cuantía equivalente a la parte proporcional de la cantidad que resultaría de abonar **doce días de salario por cada año de servicio** (art. 49.1 del ET). (STS n.º 337/2019, de 7 de mayo de 2019, ECLI: ES:TS:2019:1623 y STJUE n.º C-574/16, de 5 de junio de 2018).

Este supuesto requiere una precisión importante: el contrato de duración determinada no solo debe tener una duración coincidente con el tiempo en que se mantenga la jubilación parcial, sino que, en todo caso, debe tener un **mínimo de un año**. De esta forma, si el relevado accede con anterioridad a la jubilación (por ejemplo, mediante la jubilación anticipada), la extinción antes del tiempo formalizado puede suponer un fraude de ley en la contratación que convierte la extinción de la relación laboral en un despido.

El contrato de relevo tiene una duración temporal concreta y, mientras no llegue el acontecimiento de la jubilación ordinaria del trabajador relevado, no se puede dar por extinguido. La solución a esta situación la encontramos en la STS, n.º 490/2021, de 5 de mayo de 2021, ECLI:ES:TS:2021:1596, donde se valida la actuación de la empresa por la que, ante el acceso de la persona trabajadora relevada a la jubilación anticipada con 64 años, a partir del día siguiente, se amplió la jornada del trabajador relevista al 100 %, incluso sin firmar un nuevo contrato. El TS no aprecia infracción en esta forma de actuación por cuanto «(...) efectivamente, el iter seguido en la contratación no es contrario a la regulación legal. Se ha respetado la finalidad de la institución del contrato de relevo, que finalizó cuando el relevado alcanzó la edad ordinaria de jubilación, con la ampliación de la jornada desde la jubilación anticipada, sin causar perjuicio alguno. Razones todas ellas que impiden apreciar que estemos ante una situación de fraude, ni tampoco estimar que estemos ante un despido que haya de calificarse como improcedente como pretende la parte actora, ahora recurrente».

JURISPRUDENCIA

STS, rec. 4199/2020 del 22 de noviembre de 2023, ECLI:ES:TS:2023:5211

El TS determina que la novación de la jornada y del salario realizada para el acceso a la jubilación parcial no otorga derecho a la indemnización de 8 días por año de servicio que correspondería a contratos temporales en caso de extinción.

STS n.º 37/2019, de 7 de mayo de 2019, ECLI: ES:TS:2019:1623

El trabajador relevista, contratado a tiempo parcial para cubrir la parte de jornada que no realiza el trabajador jubilado parcial, ve válidamente extinguido su contrato cuando el trabajador relevado accede a la edad de jubilación y se jubila, correspondiendo la indemnización señalada en el artículo 49.1 c) del ET (doce días de salario por cada año de servicio).

STS n.º 30/2021, de 14 de enero de 2021, ECLI:ES:TS:2021:72

Tras las SSTJUE de 5 de junio de 2018 n.º C-677/16, y 21 de noviembre de 2018 n.º C-619/1, la Sala IV reiterada que ante la válida extinción de un contrato de relevo en la administración pública no procede el abono de la indemnización prevista en el artículo 53.1.b) ET, ni la aplicación de la doctrina de la STJUE n.º C-596/14, de 14 de septiembre de 2016.

STS, rec. 135/2009, de 11 de marzo de 2010, ECLI:ES:TS:2010:1809

El contrato de relevo no está excluido de la indemnización por finalización de contrato del art. 49.1.c) del ET.

|| Despido disciplinario del trabajador relevista

El contrato de trabajo podrá extinguirse por decisión del empresario, mediante despido basado en un incumplimiento grave y culpable del trabajador (art. 54 del ET), siendo requisito indispensable, que el incumplimiento influya en la relación laboral, afectando las obligaciones que nacen del contrato de trabajo.

Se considerarán incumplimientos contractuales graves y culpables que pueden inducir al despido disciplinario (art. 54 del ET):

- Ofensas verbales o físicas al empresario, a las personas que trabajan en la empresa o a los familiares que convivan con ellos.
- Faltas repetidas e injustificadas de asistencia o puntualidad al trabajo.
- Indisciplina o desobediencia en el trabajo.
- Disminución continuada y voluntaria en el rendimiento de trabajo normal o pactado.
- Transgresión de la buena fe contractual, así como el abuso de confianza en el trabajo.
- Embriaguez habitual o toxicomanía si repercuten negativamente en el trabajo.
- Acoso laboral o *mobbing*.

Repasando las claves de esta modalidad extintiva:

- Prescripción despido disciplinario: igual que el plazo de prescripción para la sanción de la falta laboral cometida.
- Forma despido disciplinario: comunicación al trabajador por escrito, haciendo constar los hechos que lo motiva, la fecha de sus efectos y cualquier otra formalidad establecida en convenio colectivo.
- Despido disciplinario al representante unitario, delegado sindical o delegado de prevención: trámites previos establecidos en apdo. a) del art. 68 del ET, art. 10.3 de la LOLS y art. 37 de la LPRL.
- Indemnización y preaviso al trabajador: no.
- Impugnación de despido disciplinario: 20 días a partir del día siguiente a la fecha de extinción del contrato de trabajo.

|| Despido objetivo del trabajador relevista

La extinción del contrato por causas objetivas puede basarse en (art. 52 del ET):

- La ineptitud del trabajador conocida o sobrevenida con posterioridad a su colocación efectiva en la empresa.
- La falta de adaptación del trabajador a las modificaciones técnicas operadas en su puesto de trabajo.

- La concurrencia de causas económicas, técnicas, organizativas y de producción cuando la extinción afecte a un número inferior al establecido para el despido colectivo.
- La falta de consignación presupuestaria.

Cada una de estas causas de despido posee especificaciones propias, pero todas comparten requisitos formales:

- Despido del trabajador por causas económicas: cuando de los resultados de la empresa se desprenda una situación económica negativa (existencia de pérdidas actuales o previstas) o exista disminución persistente de su nivel de ingresos o ventas. En todo caso, se entenderá que la disminución es persistente si durante tres trimestres consecutivos el nivel de ingresos ordinarios o ventas de cada trimestre es inferior al registrado en el mismo trimestre del año anterior.
- Despido objetivo por causas técnicas: cuando se produzcan cambios, entre otros, en el ámbito de los medios o instrumentos de producción.
- Despido objetivo por causas organizativas: cuando se produzcan cambios, entre otros, en el ámbito de los sistemas y métodos de trabajo del personal o en el modo de organizar la producción.
- Despido objetivo por causas productivas: cuando se produzcan cambios, entre otros, en la demanda de los productos o servicios que la empresa pretende colocar en el mercado.

Los principales efectos de esta modalidad de despido son:

- Indemnización: 20 días por año de servicio con el límite de 12 mensualidades. Se deberá poner a disposición del trabajador simultáneamente a la entrega de la comunicación de despido.
- Preaviso: 15 días naturales de preaviso que podrán ser sustituidos por una indemnización adicional de cuantía equivalente al salario de los días no preavisados.
- Permiso retribuido para búsqueda de nuevo empleo: desde la notificación hasta la fecha de efectos el trabajador dispondrá de una licencia de 6 horas semanales retribuidas con el fin de buscar nuevo empleo.
- El art. 53.2 del ET establece que, durante el período de preaviso, con anterioridad a la extinción por causas objetivas, el trabajador, o su representante legal si se trata de una persona con discapacidad que lo tuviera, tendrá derecho, sin pérdida de su retribución, a una licencia de seis horas semanales con el fin de buscar nuevo empleo.

JURISPRUDENCIA

STS n.º 693/2022, de 22 de julio de 2022, ECLI:ES:TS:2022:3166

El TS entiende que la extinción del contrato de trabajo de un relevista, porque el INSS deniega la jubilación anticipada parcial al trabajador sustituido, debe materializarse mediante el despido objetivo del relevista [art. 52.c) del ET].

Extinción del contrato de la persona trabajadora relevada

También encontramos tres situaciones en caso de despido del trabajador en jubilación parcial:

|| Despido improcedente del trabajador relevado

Si el trabajador relevado fuera despedido improcedentemente antes de cumplir la edad de jubilación y no se procediera a su readmisión, la empresa:

- La empresa deberá ofrecer al relevista la ampliación de su jornada (con el límite de la jornada a tiempo completo aplicable a ese trabajo) y, de no ser aceptada por éste, deberá contratar a un trabajador que reúna las condiciones establecidas legalmente (DA.2ª.2 del RD 1131/2002). Esta obligación no rige cuando se produce la extinción del contrato del jubilado parcial por vía del art. 52.c) ET, aunque permanece para la empresa la obligación de mantener el contrato de relevo con el trabajador relevista.

- Le abonará una indemnización de 33 días por año de servicio, hasta un máximo de 24 mensualidades.

|| Despido procedente del trabajador relevado

- Si la extinción del contrato por despido disciplinario es procedente, se confirma la extinción de la relación laboral sin derecho a indemnización, ni a salarios de tramitación (art. 55 del ET).

- Si la extinción del contrato por causas objetivas es procedente, el trabajador hará suya la indemnización de 20 días por año de servicio, con un máximo de 12 mensualidades que la empresa puso a su disposición en el momento del despido o que deberá exigir en el momento en que sea efectiva la decisión extintiva si el empresario, a consecuencia de su situación económica, no pudo ponerla a su disposición.

- El despido procedente del trabajador relevado mantiene el contrato del relevista vigente hasta su finalización, no obstante, no nacerá la obligación de sustitución del trabajador relevado, ni el deber de reembolso alguno a la entidad gestora del importe de la pensión de jubilación parcial devengado hasta ese momento.

|| Desistimiento voluntario del trabajador relevado

La dimisión del relevado no da derecho a desempleo ni indemnización de ningún tipo. La empresa únicamente queda obligada a conservar el contrato de relevo en las condiciones inicialmente previstas, es decir, hasta la fecha prevista de jubilación.

Extinción simultánea del contrato de relevista y relevado

Puede suceder, en caso de despido colectivo u objetivo, por ejemplo, que ambos trabajadores sean despedidos de forma simultánea.

Con carácter general, debemos entender:

- 1. Una continuidad de la actividad empresarial supondría responsabilidad empresarial sobre la posible jubilación parcial del relevado en caso de ausencia de contratación paralela de un relevista.

- 2. En el supuesto de un cese total de la actividad, el trabajador jubilado parcial cuyo contrato de trabajo temporal a tiempo parcial se extingue por despido colectivo que afecta a la totalidad de los trabajadores tiene derecho a continuar en situación de jubilación parcial desde la fecha de tal extinción contractual o desde la de finalización de la percepción de la prestación por desempleo hasta que cumpla la edad que le permita acceder a la jubilación ordinaria o anticipada (STS, rec. 1575/2012, de 30 de enero de 2013, ECLI:ES:TS:2013:727 y STS, rec. 1998/2012, de 22 de enero de 2013, ECLI:ES:TS:2013:308).

JURISPRUDENCIA

STS n.º 399/2022, de 10 de mayo de 2022, ECLI:ES:TS:2022:1877

El TS analiza el cese simultáneo del jubilado parcial y del relevista por despido objetivo. Para la sala de lo social (interpretación la D.A 2.ª del RD 1131/2002), subsiste la obligación empresarial de contratar a otro relevista mientras el jubilado parcial perciba la pensión de jubilación. Salvo los casos de extinción de la totalidad de los contratos de trabajo de la empresa por despido colectivo, excepciones a las que se refieren, entre otras, la STS, rec. 463/2014, de 14 de enero de 2015, ECLI:ES:TS:2015:693.

Posible extinción en fraude de ley ante la contratación temporal mediante contrato temporal de relevo cuando procedía una contratación indefinida

Como hemos tratado al analizar la duración del contrato de relevo, el art. 12.6 del ET establece que «Para que el trabajador pueda acceder a la jubilación parcial antes de alcanzar la edad ordinaria de jubilación, en los términos establecidos en el texto refundido de la Ley General de la Seguridad Social y demás disposiciones concordantes, la empresa deberá concertar simultáneamente un contrato de relevo indefinido y a tiempo completo». Del mismo modo, se permite la posibilidad de que «Dicho contrato de relevo podrá ser por tiempo indefinido o de duración determinada», en base al art. 12.7 del ET para los supuestos de acceso a la jubilación parcial una vez alcanzada la edad ordinaria de jubilación.

De lo que se deduce la regla general por la que el contrato de relevo puede ser, opcionalmente, indefinido o de duración determinada por el tiempo en que se mantenga la jubilación parcial y, en todo caso, con un mínimo de un año en los supuestos del art. 12.7 del ET.

En consecuencia, de extinguir un contrato de relevo con ocasión de la jubilación total a los 65 años del trabajador sustituido cuando debía haberse formalizado con carácter indefinido, dicha extinción debe calificarse como un despido improcedente, puesto que el contrato de relevo debió concertarse como indefinido y no con sujeción temporal a la jubilación total del trabajador relevado. (STS, rec. 1916/2022, de 26 de septiembre de 2023, ECLI:ES:TS:2023:3881).

En este supuesto hemos de prestar especial atención a las exigencias normativas establecidas en cada momento. A modo de ej.:

- STS n.º 949/2023, de 7 de noviembre del 2023, ECLI:ES:TS:2023:4788, analiza el régimen aplicable a un **contrato de relevo cuando el trabajador jubilado tiene una reducción de su jornada del 75 por cien** siendo de aplicación la regulación del contrato de relevo y la jubilación parcial introducida por el Real Decreto-ley 5/2013, de 15 de marzo. En consecuencia, si el trabajador relevado tuviera una reducción de su jornada del 75 %, el contrato del relevista debería ser a tiempo completo y de duración indefinida. Por lo tanto, **el cese del trabajador relevista cuando el relevado accede a la jubilación constituye un despido.**

- STS n.º 696/2023, de 3 de octubre, ECLI:ES:TS:2023:4035, en la que se estimó adecuado y ajustado a derecho la jubilación parcial con reducción de jornada superior al 75 % (hasta el 85 %) aunque la contratación del relevista no fuera por tiempo indefinido y a jornada completa. Y es que en el supuesto aquí examinado **resulta que el contrato de relevo se suscribió con anterioridad a la entrada en vigor del RDL 5/2013** y se aplicó la doctrina jurisprudencial contenida en SSTS n.º 424/2018, de 20 de abril, ECLI:ES:TS:2018:1788 y n.º 557/2018, de 30 de mayo, ECLI:ES:TS:2018:2276, que se refería a la legislación anteriormente vigente. Razón por la que la Sala de lo Social falló en sentido contrario al anterior.

- Desde el 01/04/2025 se aplica la regulación analizada.

2.8. La responsabilidad y obligaciones de la empresa por incumplimientos referidos al contrato de relevo

La D.A. 2.ª del Real Decreto 1131/2002, de 31 de octubre, establece un deber del empresario de sustitución del trabajador relevista que hubiera cesado en el trabajo por otro trabajador que se encuentre en situación de desempleo o en situación de trabajador temporal de la misma empresa.

La empresa tiene una responsabilidad significativa en el cumplimiento de las condiciones del contrato de relevo. Cualquier incumplimiento, ya sea en la contratación del relevista o en el mantenimiento del contrato, puede resultar en la obligación de reintegrar las pensiones percibidas por el trabajador jubilado parcialmente. La normativa y la jurisprudencia subrayan la importancia de cumplir estrictamente con los requisitos establecidos para evitar sanciones y responsabilidades adicionales. (STS, rec. 4410/2010, de 6 de octubre de 2011, ECLI:ES:TS:2011:7944).

Las irregularidades en la celebración del contrato de relevo (o durante su ejecución), al igual que pueden privar al trabajador relevado de derechos, generan la responsabilidad de la empresa frente al mismo, responsabilidad que se ha concretado por la jurisprudencia en fallos como los que hemos ido desgranando a lo largo de la obra. (STS, rec. 1014/2017, de 4 de abril de 2019, ECLI:ES:TS:2019:1482).

Los arts. 12 del ET y 215 de la LGSS (con efectos de 01/04/2025) establecen las obligaciones de la empresa en el supuesto de sustitución del trabajador relevista y lo concerniente a la responsabilidad prestacional de la empresa por incumplimientos referidos al contrato de relevo.

- **Contrato de relevo antes de tener la edad ordinaria de jubilación:** deben ser indefinidos y a tiempo completo. Estos contratos deberán mantenerse al menos durante **los dos años posteriores a la extinción de la jubilación parcial.** En el supuesto de que el contrato de relevo se extinga antes de que el jubilado parcial acceda a la jubilación plena en cualquiera de sus modalidades, el empresario estará obligado a **celebrar un nuevo contrato** en los mismos términos del extinguido. En caso de incumplimiento el empresario será responsable del reintegro de la pensión que haya percibido el pensionista a tiempo parcial.

- **Contrato de relevo una vez cumplida la edad ordinaria de jubilación:** podrá ser por tiempo indefinido o de duración determinada. En este último supuesto su duración será **coincidente con el tiempo en que se mantenga la jubilación parcial y, en todo caso, con un mínimo de un año.**

RESOLUCIÓN RELEVANTE

STSJ de Asturias, rec. 2081/2006, de 25 de mayo de 2007, ECLI:ES:TSJAS:2007:2635

«(...) siendo la finalidad de la jubilación parcial y la del contrato de relevo, respectivamente, el establecimiento de una jubilación gradual y flexible y el incremento del empleo, el requisito establecido en dicho precepto [art. 12.6.c) del ET] no puede ser interpretado de modo restrictivo y contraviniendo su literalidad».

JURISPRUDENCIA

STS n.º 289/2019, de 4 de abril de 2019, ECLI:ES:TS:2019:1482

La empresa puede ser considerada responsable por los daños y perjuicios causados a un empleado si facilita un contrato que no cumple con las condiciones legales requeridas para que el trabajador pueda acceder a la jubilación parcial. En esta sentencia, se determinó que la empresa incurrió en negligencia al no verificar adecuadamente que la trabajadora relevista no estaba en situación de desempleo, lo que llevó a la denegación de la jubilación parcial solicitada por la trabajadora.

STS, rec. 4410/2010, de 6 de octubre de 2011, ECLI:ES:TS:2011:794

Las irregularidades cometidas por la empresa pueden afectar a la concesión de la pensión de jubilación parcial correspondiente al trabajador que solicita dicho derecho. Esto se debe a que el acceso a la jubilación parcial no se materializa automáticamente, sino que requiere el cumplimiento de varios requisitos legales. Si alguno de estos requisitos no se cumple debido a la conducta irregular de la empresa, el trabajador cuya jubilación se pretende podría verse impedido de acceder a la pensión.

Complementando lo anterior, la D.A. 2.ª del Real Decreto 1131/2002, de 31 de octubre, establece un deber del empresario de sustitución del trabajador relevista que hubiera cesado en el trabajo por otro trabajador que se encuentre en situación de desempleo o en situación de trabajador temporal de la misma empresa.

> **A TENER EN CUENTA.** El apdo. 3 de la D.A. detalla el alcance del deber anterior mediante especificaciones por un lado de la modalidad contractual de la nueva contratación, que ha de ser también un contrato de relevo, y por otro lado del plazo para llevarla a cabo, que no puede exceder de quince días. El apdo. 4 determina la consecuencia del incumplimiento de las obligaciones establecidas, como es el abono a la entidad gestora del importe de la pensión por un período de tiempo delimitado por dos fechas precisas: la del «momento de la extinción del contrato» y la del acceso a la «jubilación ordinaria o anticipada» por cese en el empleo a tiempo parcial del jubilado parcial. (STS, rec. 3032/2008, de 9 de julio de 2009, ECLI:ES:TS:2009:5482, STS, rec. 3719/2007, de 16 de septiembre 2008, ECLI:ES:TS:2008:6304 y STS, rec. 3804/2007, de 19 de septiembre 2008, ECLI:ES:TS:2008:6304).

Si durante la vigencia del contrato de relevo, antes de que el trabajador sustituido alcance la edad que le permite acceder a la jubilación ordinaria o anticipada, se produjera el **cese del trabajador relevista**, la persona empleadora:

- Deberá sustituirlo por otro trabajador desempleado o que tuviese concertado con la empresa un contrato de duración determinada. (STS, rec. 3147/2008, de 8 de julio de 2009).

- Concertará con dicho trabajador un nuevo contrato de relevo en el plazo de 15 días naturales siguientes a aquél en que se haya producido el cese.

- La jornada pactada en el nuevo contrato será, como mínimo, igual a la que realizaba el trabajador en el momento de la extinción de su contrato.

Si el trabajador jubilado parcialmente fuera **despedido improcedentemente antes de cumplir la edad** que le permita acceder a la jubilación ordinaria o anticipada y no se procediera a su readmisión, la empresa:

- Ofrecerá al trabajador relevista la ampliación de su jornada de trabajo. Si la jornada de trabajo del relevista fuera superior a la jornada dejada vacante, la ampliación tendrá como límite la jornada a tiempo completo establecida en el convenio colectivo de aplicación o, en su defecto, la jornada ordinaria máxima legal.

- Si la ampliación de jornada no fuera aceptada, deberá contratar a otro trabajador desempleado o que tuviese concertado con la empresa un contrato de duración determinada. La nueva contratación deberá hacerse en la modalidad de contrato de relevo en el plazo de 15 días naturales siguientes a aquél en que se haya producido la decisión de no readmisión tras la declaración de improcedencia del despido.

- La jornada pactada será, como mínimo, igual a la que realizaba el trabajador en el momento de la extinción de su contrato.

En caso de **incumplimiento de las obligaciones establecidas en los pá-rrafos anteriores**, el empresario deberá abonar a la Entidad gestora correspondiente el importe de la prestación de jubilación parcial devengado desde el momento de la extinción del contrato hasta que el jubilado parcial acceda a la jubilación ordinaria o anticipada.

Análisis jurisprudencial del alcance de la sustitución del trabajador relevista

La jurisprudencia y doctrina han analizado en numerosos fallos el alcance la obligación empresarial en supuestos en las que se había suspendido o extinguido por distintas causas el contrato de trabajo del relevista antes de que el trabajador relevado hubiere accedido a la jubilación ordinaria o anticipada.

‖ Obligación de sustitución

La Sala de lo Social del Tribunal Supremo ha dado respuesta afirmativa a la obligación sustitutoria en los siguientes casos (STS, rec. 3309/2013, de 17 de noviembre de 2014, ECLI:ES:TS:2014:4884):

– **Supuestos de excedencia voluntaria** (STS, rec. 3147/2008, de 8 de julio de 2009; STS, rec. 3032/2008, de 9 de julio de 2009, ECLI:ES:TS:2009:5482 y STS, rec. 4508/2009, de 4 de octubre de 2010, ECLI:ES:TS:2010:7044). Se entiende que el relevista que pasa a excedente voluntario debe ser sustituido por el empresario en el tiempo de quince días previsto en la D.A. 2.ª Real Decreto 1131/2002, de 31 de octubre.

En estos casos la jurisprudencia afirma que debe acogerse una interpretación más amplia del término «cese» que incluya los supuestos de cese temporal por excedencia voluntaria con un incumplimiento total, o de larga duración, del deber empresarial de contratación de un trabajador relevista.

– **Excedencia para cuidado de hijo menor**, puesto que la interinidad del contrato hecho al relevista sustituto —por venir modulado en su duración por el reingreso del primer relevista sustituido— no desvirtúa el objeto y finalidad de este segundo contrato de relevo. (STS, rec. 4508/2009, de 4 de octubre de 2010, ECLI:ES:TS:2010:7044; STS, rec. 77/2010, de 12 de julio de 2010, ECLI:ES:TS:2010:4044; y STS, rec. 299/2011, de 28 de noviembre de 2011, ECLI:ES:TS:2011:8971).

– **Despido objetivo por razones individuales de trabajador relevado y relevista**, afirmándose al efecto que aún «partiendo de que la obligación de reintegro no supone una sanción al empleador sino un mero acto de gestión prestacional (STS, rec. 2334/2009, de 9 de febrero de 2010, ECLI:ES:TS:2010:1170) (...) la empresa demandante ciertamente podía extinguir el contrato de trabajo del trabajador jubilado anticipadamente, pero tenía la obligación de conservar, de mantener el contrato de relevo con el trabajador relevista, o contratar uno nuevo en caso de cese por cualquier causa de éste [incluido el despido], hasta que el relevado alcance la edad de jubilación o, cabría añadir, deje de percibir las prestaciones por jubilación anticipada, puesto que así se desprende del referido número 1 de la D.A. 2.ª del Real Decreto 1131/2002, de 31 de octubre». (STS, rec. 2303/2012, de 22 de abril de 2013, ECLI:ES:TS:2013:2405).

- **ERTE.** Bajo el criterio del TS, cuando se trata de un ERTE, que no comporta la extinción de los contratos de trabajo (solo la suspensión de la relación laboral), la empresa no queda exenta de la obligación de asumir el pago de la prestación de jubilación del trabajador relevado, por cuanto el contrato de relevo no desaparece y se mantiene la jubilación parcial del relevado, y eso determina la necesidad de llevar a cabo la exigencia de la contratación del relevista. (STS n.º 846/2022, de 25 de octubre de 2022, ECLI:ES:TS:2022:4078).

- **Grupo de empresas.** En caso de no quedar acreditada la existencia de un grupo que pueda considerarse como empresario único a efectos laborales, existe responsabilidad empresarial por no sustituir al trabajador relevista cuando se produzca su cese por pasar a trabajar en otra empresa afín. (STS n.º 117/2023, de 8 de febrero de 2023, ECLI:ES:TS:2023:465).

|| No obligación de sustitución

Se ha negado esa obligación sustitutoria y la correlativa responsabilidad del empleador en los siguientes casos:

- **Reducción de la jornada de la relevista por cuidado de un menor,** porque el contrato de la trabajadora relevista «continúa ostentando la misma naturaleza que fue pactada y que surtió válidos efectos como relevo. Conserva su carácter de contrato indefinido a tiempo completo, no se ha transformado en un contrato a tiempo parcial, aunque externamente se comporte como tal, la reducción de la jornada forma parte de la eficacia del propio contrato y en tanto se mantenga la reducción no por ello se ve afectada la cotización». (STS, rec. 3884/2010, de 23 de junio de 2011, ECLI:ES:TS:2011:5095).

> **RESOLUCIÓN RELEVANTE**
>
> **STSJ de Valencia n.º 1713/2011, de 11 de enero de 2012, ECLI:ES:TSJCV:2012:618**
>
> No cabe incluir una reducción de jornada de la persona relevista en el concepto de cese que activa el deber empresarial de contratación de un nuevo trabajador. Inicialmente no debiera existir una obligación para el empresario de celebrar un contrato que cubra el periodo de reducción de jornada del trabajador relevista.

- **Cese del relevista por sucesión empresarial,** si el mismo ha concluido su actividad en la empresa porque en parte de ella se subroga otra del sector [se transmite parte de la concesión -una de sus líneas- de transporte], mientras que el trabajador jubilado permanece en la empresa originaria, habida cuenta de que la subrogación mantiene la colocación del trabajador relevista en las mismas condiciones [incluso de Seguridad Social], persiste el cumplimiento de la finalidad de la norma, y no es apreciable el fraude que sanciona la norma. (STS, rec. 1148/2010, de 9 de febrero de 2011, ECLI:ES:TS:2011:1293).

- **ERE extintivo donde se extinguen los contratos de la totalidad de los trabajadores de la empresa.** También es inaplicable la D.A. 2.ª del Real Decreto 1131/2002, de 31 de octubre, y no procede el reintegro allí previsto a cargo de la empresa respecto de las prestaciones percibidas por el trabajador sustituido, para el caso de **extinción del contrato del trabajador relevista, si el cese de éste y el del trabajador jubilado a tiempo parcial se hubiese producido a virtud de ERE.** (STS, rec. 1245/2009, de 25 de enero de 2010, ECLI:ES:TS:2010:863, aunque para supuesto diferente; y STS, rec. 1148/2010, de 9 de febrero de 2011, ECLI:ES:TS:2011:1293).

- **Cuando el relevista ha sido contratado a tiempo completo y el cesado ha sido el trabajador jubilado a tiempo parcial,** siguiendo una interpretación teleológica y sistemática de la norma, el TS determina la inexigibilidad de nueva contratación que habría de comportar una jornada superior al 100 por 100 y previa a la jubilación parcial. (STS, rec. 4582/2010, de 6 de octubre de 2011, ECLI:ES:TS:2011:7963).

- **Incapacidad temporal del trabajador relevado.** La situación de IT es compatible con la jubilación parcial. No obstante, las dudas aparecen ante las bajas de larga duración.

RESOLUCIÓN RELEVANTE

STSJ de Cataluña, rec. 2977/13, de 24 de octubre de 2013

«(...) en el presente caso no se ha producido un cese del (...) relevista, sino meramente la suspensión de su contrato por agotamiento del periodo máximo de la situación de IT, supuesto que no está comprendido en la citada disposición adicional, que ha de entenderse referida solo a los casos de extinción del contrato, pero no a los de suspensión (...) es claro que el "cese" significa para la norma la extinción del contrato, no solo por su significado ordinario (...), sino especialmente porque la norma al establecer la consecuencia de la no contratación del trabajador que ha cesado indica expresamente que esta consecuencia se producirá desde el momento de la extinción del contrato, sin mención alguna a la suspensión».

A TENER EN CUENTA. La STS, rec. 2520/2012, de 24 de septiembre de 2013, ECLI:ES:TS:2013:5058, contiene una pormenorizada relación de la casuística abordada por la Sala de lo Social en esta materia, en orden a la necesidad de sustituir al relevista y consiguiente responsabilidad de la empresa respecto de las prestaciones de jubilación.

ANEXO.
FORMULARIOS

Escrito de comunicación a la empresa de la intención de jubilarse parcialmente sin necesidad de realizar un contrato de relevo

La jubilación parcial puede alcanzarse compatibilizándola con un contrato de relevo o sin necesidad de la celebración simultánea del mismo en los términos establecidos por los apdos. 6 y 7 del art. 12 del ET y 215 de la LGSS.

El siguiente modelo permite la comunicación a la empresa por parte del trabajador de su intención de jubilarse parcialmente sin necesidad de realizar un contrato de relevo.

En [LOCALIDAD] a [DÍA] de [MES] de [AÑO].

D./D. ª [NOMBRE_PERSONA_TRABAJADORA].

[DATOS_PERSONA_TRABAJADORA].

A la Att. de la empresa [EMPRESA].

Muy Sr./Sra. Mío/a:

El próximo día [FECHA] del presente mes, cumpliré [NÚMERO] años, fecha en que me gustaría proceder a jubilarme parcialmente, por cumplir los requisitos exigidos para ello en el Real Decreto Legislativo 8/2015, de 30 de octubre, por el que se aprueba el Texto Refundido de la Ley General de la Seguridad Social, para la jubilación parcial anticipada. En mi caso, por haber cumplido [EDAD] años de edad, y reuniendo los requisitos para causar derecho a la pensión de jubilación **(1)**, solicito una reducción de su jornada de trabajo de [ESPECIFICAR]. **(2)**

Lo que le notifico con los [NÚMERO] días de antelación establecidos, y con el ruego de que, lo antes posible se atienda mi petición.

Rogando firme la presente en prueba de recepción, le saluda atentamente,

[FIRMA]

D./D. ª [NOMBRE_PERSONA_TRABAJADORA].

Recibí:

[SELLO_FIRMA_EMPRESA]

La empresa.

---

(1) Los trabajadores que hayan cumplido la edad ordinaria en cada momento y reúnan los requisitos para causar derecho a la pensión de jubilación podrán acceder a la jubilación parcial sin necesidad de la celebración simultánea de un contrato de relevo.

(2) Comprendida entre mínimo del 25 por ciento y un máximo del 75 por ciento (art. 215.1 de la LGS).

Comunicación a la empresa de la intención de jubilarse parcialmente con necesidad de realizar un contrato de relevo

Siempre que con carácter simultáneo se celebre un contrato de relevo en los términos previstos en el art. 12 del Estatuto de los Trabajadores, los trabajadores a tiempo completo que no hayan alcanzado la edad ordinaria de jubilación podrán acceder a la jubilación parcial cuando reúnan los requisitos establecidos en el apdo. 2 del art. 215 de la LGSS.

En [LOCALIDAD] a [DÍA] de [MES] de [AÑO].

D./D. ª [NOMBRE_PERSONA_TRABAJADORA].

[DATOS_PERSONA_TRABAJADORA].

A la Att. del Departamento de Recursos Humanos de [NOMBRE_EMPRESA].

Muy Sra./Sras. Mías/as:

El próximo día [FECHA] del presente mes, cumpliré [NÚMERO] años, fecha en que me gustaría proceder a jubilarme parcialmente, por cumplir los requisitos exigidos para ello en el Real Decreto Legislativo 8/2015, de 30 de octubre, por el que se aprueba el Texto Refundido de la Ley General de la Seguridad Social, para la jubilación parcial siempre que con carácter simultáneo se celebre un contrato de relevo:

a) Haber cumplido la edad de [EDAD] años. **(1)**

b) Acreditar un período de antigüedad en la empresa de, al menos, 6 años inmediatamente anteriores a la fecha de la jubilación parcial. **(2)**

c) Que la reducción de su jornada de trabajo se halle comprendida entre un mínimo de un 25 por 100 y un máximo del 75 por 100. **(3)**

d) Periodo previo de cotización de 33 años en la fecha del hecho causante de la jubilación parcial, sin que, a tales efectos, se tengan en cuenta las bonificaciones o anticipaciones de la edad de jubilación que pudieran ser de aplicación al interesado, ni la parte proporcional correspondiente por pagas extraordinarias.

Mi solicitud de jubilación parcial será tramitada por mi parte ante la Delegación Provincial de la Seguridad Social que corresponda para una reducción de jornada del [PORCENTAJE] por 100.

Es por esto que, en cumplimiento de lo establecido en el artículo 12.6 del Estatuto de los Trabajadores, la empresa [NOMBRE_EMPRESA] debe proceder a realizar un contrato de relevo con objeto de sustituir la jornada de trabajo dejada vacante, de [HORAS] horas sobre mi jornada actual, en los términos establecidos en el artículo 215.2 de la Ley General de Seguridad Social y demás disposiciones concordantes. **(4)**

Lo que le notifico con [NÚMERO] días de antelación y con el ruego de que lo antes posible se atienda mi petición.

Rogando firme la presente en prueba de recepción y recordándole que, según el art. 215.e) del Real Decreto Legislativo 8/2015, de 30 de octubre, ha de:

- Los contratos de relevo que se establezcan como consecuencia de una jubilación parcial tendrán carácter indefinido y a tiempo completo. Estos contratos deberán mantenerse al menos durante los dos años posteriores a la extinción de la jubilación parcial.

- En el supuesto de que el contrato de relevo se extinga antes de que el jubilado parcial acceda a la jubilación plena en cualquiera de sus modalidades, el empresario estará obligado a celebrar un nuevo contrato en los mismos términos del extinguido. En caso de incumplimiento por parte del empresario, de las condiciones establecidas en el presente artículo en materia de contrato de relevo, será responsable del reintegro de la pensión que haya percibido el pensionista a tiempo parcial.

- La compatibilidad efectiva entre trabajo y pensión permite, la acumulación del tiempo de trabajo en periodos de días en la semana, semanas en el mes, meses en el año u otros periodos de tiempo, de conformidad con lo dispuesto en pacto individual o, en su caso, en la negociación colectiva, en todas sus expresiones, incluido el acuerdo de centro de trabajo, sin que en ningún ámbito se pueda limitar o impedir su uso.

- Existir una correspondencia entre las bases de cotización del trabajador relevista y del jubilado parcial, de modo que la correspondiente al trabajador relevista no podrá ser inferior al 65 por ciento del promedio de las bases de cotización correspondientes a los seis últimos meses del período de base reguladora de la pensión de jubilación parcial.

Atentamente le saluda,

[FIRMA]

D./D. ª [NOMBRE_PERSONA_TRABAJADORA].

Recibí:

[SELLO_Y_FIRMA_EMPRESA]

La empresa.

---

(1) Tener cumplida en la fecha del hecho causante una edad que sea inferior en tres años, como máximo, a la edad que en cada caso resulte de aplicación según lo establecido en el artículo 205.1.a) de la LGSS, y acreditar un periodo de cotización de treinta y tres años, sin que, a tales efectos, se tengan en cuenta las bonificaciones o anticipaciones de la edad de jubilación que pudieran ser de aplicación al interesado, ni la parte proporcional correspondiente por pagas extraordinarias [apdo. 2. a) del art. 215 de la LGSS].

(2) A tal efecto se computará la antigüedad acreditada en la empresa anterior si ha mediado una sucesión de empresa en los términos previstos en el artículo 44 del texto refundido de la Ley del Estatuto de los Trabajadores, o en empresas pertenecientes al mismo grupo [apdo. 2. b) del art. 215 de la LGSS].

(3) Dichos porcentajes se entenderán referidos a la jornada de un trabajador a tiempo completo comparable. En los supuestos de anticipación del acceso a la jubilación parcial en más de dos años respecto de la edad ordinaria de jubilación, la reducción de jornada de trabajo durante el primer año se fijará entre un 20 y un 33 por ciento. En estos casos, a partir del segundo año las partes podrán alterar la reducción de la jornada dentro de los márgenes establecidos en el formulario.

(4) Sin perjuicio de la reducción de jornada, durante el período de disfrute de la jubilación parcial, empresa y trabajador cotizarán por la base de cotización que, en su caso, hubiese correspondido de seguir trabajando éste a jornada completa.

Solicitud de incremento del porcentaje de jornada en jubilación parcial

El Real Decreto 1131/2002, de 31 de octubre, el art. 12 del ET y el art. 215 de la LGSS, establecen los límites de acceso a la jubilación parcial. Por su parte, el porcentaje de reducción de jornada podrá incrementarse por períodos anuales, a petición del trabajador jubilado parcial y con la conformidad del empresario. En los casos en que sea preciso el mantenimiento de un contrato de relevo, la empresa deberá ofrecer al trabajador relevista la ampliación de su jornada de trabajo, en proporción a la reducción de la del jubilado parcial, siempre que no exceda la jornada a tiempo completo establecida en el convenio colectivo de aplicación. De no ser aceptada por el relevista la ampliación de su jornada, la empresa deberá contratar, por la jornada reducida por el jubilado parcial, a otro trabajador. En los supuestos regulados, se modificará la cuantía de la pensión, aplicando a la reconocida inicialmente el porcentaje que corresponda en función de la nueva reducción de jornada.

El presente formulario permite solicitar a la empresa la ampliación de la reducción de jornada asociada a la jubilación parcial.

En [LOCALIDAD] a [DÍA] de [MES] de [AÑO].

D./D. ª [NOMBRE_PERSONA_TRABAJADORA].

[DATOS_PERSONA_TRABAJADORA].

A la Att. del Departamento de Recursos Humanos de [NOMBRE_EMPRESA].

Muy Srs./Sras. Míos/as:

Como saben, el pasado día [FECHA] pasé a situación de jubilación parcial, previa reducción de mi jornada laboral en un [PORCENTAJE] por 100, siguiendo lo establecido en el art. 215 del Texto Refundido de la Ley General de la Seguridad Social y RD 1131/2002, de 31 de octubre.

No obstante, debido a [ESPECIFICAR] **(1)**, me veo en la necesidad de incrementar el porcentaje de jubilación parcial en un [PORCENTAJE] por 100, hasta un total del [PORCENTAJE] por 100. **(2)**

Este incremento, dentro de los límites establecidos para el acceso a la jubilación parcial, implica una nueva reducción de mi jornada laboral y salario del [PORCENTAJE] por 100.

Es por esto por lo que, en cumplimiento de lo establecido en el art. 10.a) del Real Decreto 1131/2002, de 31 de octubre, la empresa [NOMBRE_EMPRESA] debe proceder a ofrecer a D./D. ª [NOMBRE_PERSONA_TRABAJADORA_RELEVISTA], en su condición de trabajador relevista la ampliación de su jornada de trabajo, en proporción a la reducción de la mía. **(3)**

De no ser aceptada por el relevista la ampliación de su jornada, la empresa deberá contratar, por la jornada reducida por el jubilado parcial, a otro trabajador —en situación de desempleo o que tenga concertado con la empresa un contrato de duración determinada— mediante otro contrato de relevo.

Del mismo modo, siguiendo la regulación existente, les recuerdo que el porcentaje de reducción de jornada podrá incrementarse **(4)** por períodos anuales. Esto implica que la reducción de mi jornada/incremento de la jubilación parcial se realizarán desde [FECHA] a [FECHA].

Atentamente le saluda,

[FIRMA]

D./D. ª [NOMBRE_PERSONA_TRABAJADORA].

Recibí:

[SELLO_Y_FIRMA_EMPRESA]

La empresa.

---

(1) Especificar el motivo para solicitar una nueva reducción de jornada.

(2) En estos supuestos, se modificará la cuantía de la pensión, aplicando a la reconocida inicialmente el porcentaje que corresponda en función de la nueva reducción de jornada. La nueva pensión será objeto de actualización con las revalorizaciones habidas desde la fecha de efectos de la pensión de jubilación parcial inicial hasta la fecha de efectos del nuevo importe de pensión. En caso contrario, de no cumplirse lo establecido sobre la nueva contratación en relevo o ampliación de jornada del relevista existente, no podrá ampliarse la cuantía de la pensión de jubilación parcial. Téngase en cuenta los porcentajes máximos de reducción establecidos en la normativa.

(3) En los casos en que, para el percibo de la pensión de jubilación parcial, sea preciso el mantenimiento de un contrato de relevo, la empresa deberá ofrecer al trabajador relevista la ampliación de su jornada de trabajo, en proporción a la reducción de la del jubilado parcial. En el supuesto de que la jornada de trabajo del relevista fuese superior a la jornada dejada vacante, la ampliación a la que se refiere el párrafo anterior tendrá como límite la aplicación de la jornada a tiempo completo establecida en el convenio colectivo de aplicación o, en su defecto, de la jornada ordinaria máxima legal.

(4) A petición del trabajador jubilado parcial y con la conformidad del empresario.

Acuerdo entre empresa y persona trabajadora para el acceso a la jubilación parcial

Los trabajadores a tiempo completo podrán acceder a la jubilación parcial cuando reúnan los requisitos establecidos. El presente acuerdo pretende servir de modelo orientativo para formalizar el acuerdo de acceso a la jubilación parcial entre empresa y persona trabajadora.

En [CIUDAD] a [DÍA] de [MES] de [AÑO].

REUNIDOS

De una parte

En representación de la empresa, D./D. ª [NOMBRE] con DNI [DNI] en calidad de representante legal de la empresa [NOMBRE_EMPRESA] domiciliada en [DOMICILIO_SOCIAL], con C.I.F. n.º [NÚMERO], CCC n.º [NÚMERO].

De otra parte

En representación propia, D./D. ª [NOMBRE PERSONA TRABAJADORA] con DNI [DNI] en calidad de persona trabajadora de la empresa [NOMBRE_EMPRESA] desde el [FECHA], a jornada completa y con la categoría profesional de [CATEGORÍA_PROFESIONAL].

Las partes intervinientes se reconocen mutuamente con capacidad jurídica suficiente para el otorgamiento del presente **ACUERDO DE JUBILACIÓN PARCIAL** y, en su virtud,

MANIFIESTA

1. Por parte de D./D. ª [NOMBRE_PERSONA_TRABAJADORA] se ha constatado el **deseo voluntario de acceder a la situación de jubilación con anterioridad al cumplimiento de la edad ordinaria,** cumpliendo para ello los requisitos establecidos y previa novación de su contrato de trabajo a jornada completa a otro a tiempo parcial.

2. En nuestro ordenamiento jurídico el **sistema de jubilación parcial se regula fundamentalmente mediante** los arts. 210.2.c), 215 y D.T. 4.ª del Real Decreto Legislativo 8/2015, de 30 de octubre, por el que se aprueba el texto refundido de la Ley General de la Seguridad Social, el art. 12 del Real Decreto Legislativo 2/2015, de 23 de octubre, por el que se aprueba el texto refundido de la Ley del Estatuto de los Trabajadores, el Real Decreto 1131/2002, de 31 de octubre, por el que se regula la Seguridad Social de los trabajadores contratados a tiempo parcial, así como la jubilación parcial y el Real Decreto-ley 11/2024, de 23 de diciembre, para la mejora de la compatibilidad de la pensión de jubilación con el trabajo.

3. Ambas partes, teniendo en cuenta lo citado en los puntos 1 y 2, han decidido **negociar y consensuar un plan de jubilación parcial para regular de forma ordenada la posibilidad de acceder a esta situación** por D./D. ª [NOMBRE_PERSONA_TRABA-JADORA], **así como las condiciones generales que serán de aplicación.**

4. La empresa se dedica a la actividad de [ACTIVIDAD], aplicando a sus trabajadores **el convenio colectivo de** [CONVENIO_COLECTIVO_APLICABLE] **(1).** La regulación colectiva establece (art. [NÚMERO]) la posibilidad de aplicar la jubilación parcial en caso de cumplir los siguientes requisitos: [DESCRIPCIÓN].

ACUERDO DE JUBILACIÓN PARCIAL

1. Cumplimiento de los requisitos para el acceso a la jubilación parcial.

D./D. ª [NOMBRE_PERSONA_TRABAJADORA] cumple los requisitos de acceso a la jubilación parcial establecidos tanto en la legislación actualmente en vigor, como los explícitamente contemplados en el convenio colectivo aplicable:

a) Tener cumplidos [EDAD] años. **(2)**

b) Realizar la jornada completa, de acuerdo con las disposiciones establecidas en el LGSS y convenio colectivo aplicable.

c) Contar con una antigüedad en la empresa igual o superior a 6 años, ininterrumpidos e inmediatamente anteriores a la fecha de solicitud. **(3)**

d) Tener un período mínimo de cotizaciones efectivas de [ESPECIFICAR] años **(4)**. Lo que se demuestra mediante [ESPECIFICAR]. **(5)**

e) Cumplir los demás requisitos generales establecidos, a la fecha actual, por el Real Decreto Legislativo 8/2015, de 30 de octubre, por el que se aprueba el texto refundido de la Ley General de la Seguridad Social.

2. Solicitud y gestiones de acceso a la jubilación parcial

La solicitud de acceso será objeto de estudio de forma individualizada por [NOMBRE_EMPRESA], verificando inicialmente que el solicitante reúne los requisitos legalmente establecidos para acceder a la jubilación parcial.

La dirección de la empresa resolverá la solicitud presentada en un plazo máximo de [NÚMERO] días naturales **(6)**, contados a partir del momento en que se hubiese solicitado la misma.

3. Novación contractual, nuevo contrato a tiempo parcial y mantenimiento de derechos adquiridos

La aceptación por parte de la empresa de la solicitud de acceso a la situación de jubilación parcial presentada por el solicitante implicará la imprescindible concertación de un contrato de «duración determinada a tiempo parcial» en modelo oficial, tal y como legalmente se encuentra estipulado, desde el inicio de su acceso a la situación de jubilación parcial hasta el momento en que se jubile totalmente, pactándose expresamente el porcentaje de reducción de trabajo efectiva sobre la estipulada en el vigente convenio colectivo y la normativa reguladora.

4. Reducción de jornada laboral y posibilidad de concreción horaria

La distribución de la jornada a trabajar se fija de mutuo acuerdo entre empresa y persona trabajadora en un [PORCENTAJE] por 100 de la siguiente forma: **(7)**

– [DESCRIPCIÓN].

Es voluntad de las partes el posibilitar que la persona trabajadora pueda concentrar su tiempo de trabajo efectivo en un único período inferior al de alta. De esta forma: **(8)**

– En periodos de días en la semana: [DESCRIPCIÓN].

– En [NÚMERO] semanas en el mes: [DESCRIPCIÓN].

– En [NÚMERO] meses en el año: [DESCRIPCIÓN].

– [OTROS]. **(9)**

El cumplimiento de este periodo de trabajo concentrado, en ningún caso, supondrá el cese o baja en la Seguridad Social, permaneciendo el trabajador de alta de manera ininterrumpida hasta que se extinga su relación laboral por el paso a la jubilación ordinaria o el cumplimiento de la edad ordinaria de jubilación.

El trabajador jubilado parcial disfrutará de los mismos derechos, beneficios y mejoras sociales que establece el convenio colectivo aplicable para los trabajadores a tiempo completo que venía percibiendo.

5. Retribución del trabajador jubilado parcial

La retribución por el trabajador jubilado parcial será proporcional a la jornada de trabajo pactada en el punto anterior y comprenderá todos los conceptos retributivos que venía percibiendo antes de su acceso a la situación de jubilación parcial.

En caso de concentración de la prestación de servicios por periodos inferiores a los de alta, la retribución y cotización correspondientes a la jornada anual a trabajar se distribuirá de la siguiente forma:

- [DESCRIPCIÓN]. **(10)**

6. Consecuencias de la negativa por parte del organismo correspondiente a la jubilación parcial y extinción de la relación laboral

El no reconocimiento de la pensión de jubilación por cualquier causa imputable al trabajador impedirá la aplicación del presente acuerdo resultando en consecuencia nulo y sin efectos, lo que supondrá el retorno a la situación laboral anterior de D./D. ª [NOMBRE_PERSONA_TRABAJADORA] a las mismas condiciones que tenía antes de iniciar el proceso de jubilación parcial.

La relación laboral se extinguirá al producirse la jubilación total del trabajador.

7. Modificaciones en caso de cambios normativos

El presente acuerdo ha sido concebido y negociado teniendo en cuenta la actual regulación legislativa sobre la materia, quedando sujeto a las modificaciones de derecho necesario que pudiera establecer la normativa aplicable, en tanto no se desvirtúen las recíprocas contraprestaciones asumidas por las partes.

En el supuesto de que los futuros cambios legislativos pudieran modificar sustancialmente los compromisos y obligaciones asumidos en el presente acuerdo las partes firmantes se reunirán en un plazo máximo de [NÚMERO] días para acordar las medidas que procediesen para acordar la suspensión o continuidad del Acuerdo por tales motivos, así como los efectos que sobre el mismo pudieran tener.

8. Regulación supletoria

En lo no previsto o regulado en el presente acuerdo se estará a lo dispuesto en la normativa legal vigente en la materia.

En prueba de total conformidad con el contenido y alcance del presente acuerdo, las partes proceden a su firma en el lugar y fecha señalados.

[FIRMA]

D./D. ª [NOMBRE_PERSONA_TRABAJADORA]

[SELLO_FIRMA_EMPRESA]

La empresa

---

(1) Los convenios colectivos establecerán medidas para facilitar el acceso efectivo de los trabajadores a tiempo parcial a la formación profesional continua, a fin de favorecer su progresión y movilidad profesionales [apdos. 4.f) y 8 del art. 12 del ET].

(2) Requisito de edad:
- Para la jubilación parcial posterior a la edad ordinaria de jubilación —SIN contrato de relevo— edad ordinaria de jubilación según art. 215.1 de la LGSS: siguiendo el artículo 205.1.a) de la LGSS y la D.T. 7.ª de la LGSS.

- Para la jubilación parcial anterior a la edad ordinaria de jubilación —CON contrato de relevo— edad según art. 215.2 de la LGSS: tener cumplida en la fecha del hecho causante una edad que sea inferior en tres años, como máximo, a la edad ordinaria de jubilación según lo establecido en el artículo 205.1.a) de la LGSS.
- Para la jubilación parcial en la industria manufacturera, 61 años (D.T. 4.ª.6 de la LGSS).

(3) En caso de jubilación parcial posterior a la edad ordinaria de jubilación —SIN contrato de relevo— no se exige un periodo de antigüedad previo en la empresa.

(4) Requisito de período de cotización mínimo previo:
- Para la jubilación parcial anterior a la edad ordinaria de jubilación —CON contrato de relevo—: 33 años en la fecha del hecho causante de la jubilación parcial. En caso de personas con discapacidad en grado igual o superior al 33 por 100: 25 años.
- Para la jubilación parcial posterior a la edad ordinaria de jubilación —SIN contrato de relevo—: La necesaria en cada momento para acceder a la pensión de jubilación ordinaria.
- Para la jubilación parcial en la industria manufacturera, 61 años (D.T. 4.ª.6 de la LGSS): 33 años en la fecha del hecho causante de la jubilación parcial. En caso de personas con discapacidad en grado igual o superior al 33 por 100: 25 años.

(5) A modo de ej.: informe de vida laboral.

(6) La normativa no especifica un plazo de resolución concreta por parte de la empresa. A modo orientativo: 15 o 30 días.

(7) Reducción de jornada:
- Para la jubilación parcial anterior a la edad ordinaria de jubilación —CON contrato de relevo—: Mínimo del 25 por 100 y un máximo del 75 por 100. En los supuestos de anticipación del acceso a la jubilación parcial en más de dos años respecto de la edad ordinaria de jubilación, la reducción de jornada de trabajo durante el primer año se fijará entre un 20 y un 33 por ciento. En estos casos, a partir del segundo año las partes podrán alterar la reducción de la jornada dentro de los márgenes establecidos en el párrafo anterior. [art. 215.2.c) de la LGSS].
- Para la jubilación parcial posterior a la edad ordinaria de jubilación —SIN contrato de relevo—: un mínimo del 25 por 100 y un máximo del 75 por 100. Máximo del 80 por 100 cuando el contrato de relevo sea a jornada completa y por tiempo indefinido.
- Para la jubilación parcial en la industria manufacturera: mínimo de un 25 por ciento y un máximo del 67 por ciento, o del 80 por ciento para los supuestos en que el trabajador relevista sea contratado a jornada completa mediante un contrato de duración indefinida. Dichos porcentajes se entenderán referidos a la jornada de un trabajador a tiempo completo comparable. [D.T. 4.ª 6. d) de la LGSS].

(8) En aquellos casos en los que se acceda a la jubilación parcial antes del cumplimiento de la edad legal de jubilación que en cada caso resulte de la aplicación de lo establecido en el artículo 205.1.a) de la LGSS, la compatibilidad efectiva entre trabajo y pensión permitirá, la acumulación del tiempo de trabajo en periodos de días en la semana, semanas en el mes, meses en el año u otros periodos de tiempo (art. 215.3 de la LGSS).

(9) De conformidad con lo dispuesto en pacto individual o, en su caso, en la negociación colectiva, en todas sus expresiones, incluido el acuerdo de centro de trabajo, sin que en ningún ámbito se pueda limitar o impedir su uso (art. 215.3 de la LGSS).

(10) Especificar la forma de distribución equitativa en todas las nóminas del año, con independencia de que corresponda a un mes trabajado o no de la retribución y cotización.

Escrito de preaviso por finalización de contrato de relevo (jubilación trabajador relevado)

De acuerdo con el art. 12.7 del Estatuto de los Trabajadores (ET), cuando el trabajador acceda a la jubilación parcial una vez alcanzada la edad ordinaria de jubilación el contrato de relevo podrá ser por tiempo indefinido o de duración determinada. En este último supuesto su duración será coincidente con el tiempo en que se mantenga la jubilación parcial y, en todo caso, con un mínimo de un año.

A través de un escrito como el que a continuación se muestra, la empresa podrá preavisar al trabajador relevista de la finalización del contrato ante el cumplimiento de lo establecido en el art. 12.7 del ET.

En [PROVINCIA], a [DIA] de [MES] de [AÑO]. **(1)**

[DATOS_EMPRESA]

D./D. ª [NOMBRE_PERSONA_TRABAJADORA]

Muy señor/a nuestro/a:

Por medio de la presente, le comunicamos, en plazo **(1)** y efectos oportunos, que el próximo día [DÍA] de [MES] de [AÑO] finaliza el contrato de relevo transcurrido un año desde la jubilación definitiva D./D. ª [NOMBRE_PERSONA_TRABAJADORA_RE-LEVADA] que se produjo con efectos de [FECHA]. **(2)**

Sin otro particular que comunicarle y poniendo a su disposición en el departamento de [ESPECIFICAR] la liquidación necesaria, así como la indemnización correspondiente a la cuantía equivalente a la cantidad que resultaría de abonar doce días de salario por cada año de servicio que le corresponde al amparo del art. 49.1 c) del Real Decreto Legislativo 2/2015, de 23 de octubre, por el que se aprueba el texto refundido de la Ley del Estatuto de los Trabajadores **(3)**

Atentamente,

[FIRMA_EMPRESA]

La empresa.

Recibí y conforme:

[FIRMA]

Fdo.: D./D. ª [NOMBRE_PERSONA_TRABAJADORA]

---

(1) Cuando el trabajador acceda a la jubilación parcial una vez alcanzada la edad ordinaria de jubilación, en los términos establecidos en el texto refundido de la Ley General de la Seguridad Social y demás disposiciones concordantes, se podrá celebrar un contrato de relevo, cuya jornada como mínimo será la dejada vacante por el jubilado parcial. Dicho contrato de relevo podrá ser por tiempo indefinido o de duración determinada. En este último supuesto su duración será coincidente con el tiempo en que se mantenga la jubilación parcial y, en todo caso, con un mínimo de un año.

(2) Si el contrato de trabajo de duración determinada es superior a un año, la parte del contrato que formule la denuncia está obligada a notificar a la otra la terminación del mismo con una antelación mínima de quince días.

(3) A la finalización del contrato, el trabajador tendrá derecho a recibir una indemnización de cuantía equivalente a la parte proporcional de la cantidad que resultaría de abonar doce días de salario por cada año de servicio, o la establecida, en su caso, en la normativa específica que sea de aplicación. La indemnización prevista a la finalización del contrato temporal se aplicará de modo gradual conforme lo establecido en el art. 49.1.c) del ET.

Formulario de demanda por despido improcedente de trabajador con contrato de relevo

De acuerdo con lo establecido en el art. 12.7 del Estatuto de los Trabajadores, Cuando el trabajador acceda a la jubilación parcial una vez alcanzada la edad ordinaria de jubilación, en los términos establecidos en el texto refundido de la Ley General de la Seguridad Social y demás disposiciones concordantes, se podrá celebrar un contrato de relevo, cuya jornada como mínimo será la dejada vacante por el jubilado parcial.

Por su parte, determina el art. 12.6 del ET que, para que el trabajador pueda acceder a la jubilación parcial antes de alcanzar la edad ordinaria de jubilación, en los términos establecidos en el texto refundido de la Ley General de la Seguridad Social y demás disposiciones concordantes, la empresa deberá concertar simultáneamente un contrato de relevo indefinido y a tiempo completo

El trabajador que, estando vinculado a la empresa por contrato de relevo, hubiere sido despedido, podrá impugnar la procedencia de tal despido ante el juzgado de lo social a través de una demanda que podrá ser redactada con ayuda del siguiente formulario.

AL JUZGADO DE LO SOCIAL NÚMERO [NUM_JUZGADO] **DE** [LOCALIDAD]

D./D. ª [NOMBRE_PERSONA_TRABAJADORA], con D.N.I. n.º [NÚMERO], mayor de edad, y con domicilio en [DOMICILIO_TRABAJADOR], ante ese JUZGADO DE LO SOCIAL comparece y, como mejor proceda en Derecho,

EXPONE

Que mediante el presente escrito formula demanda por **DESPIDO IMPROCEDENTE** contra la empresa [NOMBRE_EMPRESA], con domicilio social en [DOMICILIO_SOCIAL], en base a los siguientes hechos y fundamentos de Derecho:

HECHOS

PRIMERO.- La parte demandante comenzó a prestar sus servicios para la empresa demandada el [FECHA], con el grupo profesional de [GRUPO_PROFESIONAL] y un salario de [CANTIDAD] euros, incluida la prorrata de pagas extras, prestando sus servicios en el centro de trabajo de [LUGAR_CENTRO_TRABAJO], en la sección de [ESPECIFICAR], y realizando las funciones de [ESPECIFICAR] y como consecuencia de suscribir un contrato de trabajo de relevo, al amparo de [ESPECIFICAR], para sustituir al trabajador/a D./D. ª [NOMBRE_PERSONA_TRABAJADORA_RELVISTA], el cual había accedido a la jubilación parcial regulada en el artículo 215 del Real Decreto Legislativo 8/2015, de 30 de octubre, por el que se aprueba la Ley General de la Seguridad Social.

SEGUNDO. - Con fecha [FECHA] la empresa demandada hizo entrega al firmante de una carta, en la que se notificaba, que con efectos del [FECHA], quedaba extinguida la relación laboral que unía a ambas partes, al tratarse de un contrato de carácter temporal y haber quedado sin objeto dicho contrato **(1)**. Se adjunta como doc. núm. uno, la carta mencionada.

TERCERO. - La actuación de la empresa demandada, debe considerarse como un despido y éste como improcedente, toda vez que, si bien es cierto que mi contrato es de carácter temporal, no lo es menos que el mismo se extiende hasta el día [DÍA] de [MES] de [AÑO], fecha en que el trabajador sustituido, D./D. ª [NOMBRE_PERSONA_TRABAJADORA_RELVISTA], alcanza la edad establecida en el Régimen correspondiente de la Seguridad Social para causar derecho a la pensión de jubilación ordinaria.

CUARTO. - Que el/la suscrito/a no ocupa ni ha ocupado cargo electivo sindical ni está amparado por garantías sindicales dimanantes del ejercicio del mismo.

QUINTO. - Con fecha [FECHA], se presentó papeleta de conciliación ante el S.M.A.C., de acuerdo con el artículo 63 de la Ley Reguladora de la Jurisdicción Social, habiéndose celebrado el preceptivo acto de conciliación, el día [FECHA], con el resultado de [ESPECIFICAR], copia de cuya acta se adjunta como documento n.º dos.

FUNDAMENTOS DE DERECHO

I.- COMPETENCIA

La competencia para el conocimiento de esta pretensión la ostenta el Juzgado de lo Social al que me dirijo conforme a lo establecido en los artículos 1, 2 6 y 10 de la Ley 36/2011, de 10 de octubre, Reguladora de la Jurisdicción Social (LRJS)

II.- CAPACIDAD Y LEGITIMACIÓN

Me encuentro capacitado/a procesalmente como legitimado/a para presentar esta demanda, de acuerdo con los artículos 16 y 17 de la Ley Reguladora de la Jurisdicción Social.

III.- PROCEDIMIENTO

El procedimiento a seguir para la tramitación de esta demanda será el estipulado en el artículo 103 y siguientes de la Ley Reguladora de la Jurisdicción Social, reguladores de los procedimientos de despido, habiéndose presentado la demanda de acuerdo con lo previsto en los artículos 103 y 104 de la citada norma.

IV.- FONDO DEL ASUNTO

Resultan de aplicación al caso, el artículo 12 del Estatuto de los Trabajadores, regulado en el Real Decreto Legislativo 2/2015, de 23 de octubre, el cual establece respecto al contrato de relevo lo siguiente:

> «6. Para que el trabajador pueda acceder a la jubilación parcial antes de alcanzar la edad ordinaria de jubilación, en los términos establecidos en el texto refundido de la Ley General de la Seguridad Social y demás disposiciones concordantes, la empresa deberá concertar simultáneamente un contrato de relevo indefinido y a tiempo completo.
>
> El contrato de relevo deberá mantenerse vigente desde la fecha de efectos de la jubilación parcial hasta, al menos, los dos años posteriores a la extinción de la jubilación parcial. En el supuesto de que el contrato se extinga antes de dicho plazo, el empresario estará obligado a celebrar un nuevo contrato de relevo en los mismos términos del extinguido. En caso de incumplimiento por parte del empresario de la presente obligación será responsable del reintegro de la pensión que haya percibido el pensionista a tiempo parcial.
>
> El contrato de relevo se celebrará con un trabajador en situación de desempleo o que tuviese concertado con la empresa un contrato de duración determinada. También podrá celebrarse un contrato fijo-discontinuo en los términos que se establezca reglamentariamente.
>
> El puesto de trabajo del trabajador relevista podrá ser el mismo o diferente al del trabajador sustituido. En todo caso, deberá existir una correspondencia

entre las bases de cotización de ambos, en los términos previstos en el texto refundido de la Ley General de la Seguridad Social.

La compatibilidad efectiva entre trabajo y pensión permitirá la acumulación del tiempo de trabajo en periodos de días en la semana, semanas en el mes, meses en el año u otros periodos de tiempo, de conformidad con lo dispuesto en pacto individual o, en su caso, en la negociación colectiva, en todas sus expresiones, incluido el acuerdo de centro de trabajo, sin que en ningún ámbito se pueda limitar o impedir su uso.

7. Cuando el trabajador acceda a la jubilación parcial una vez alcanzada la edad ordinaria de jubilación, en los términos establecidos en el texto refundido de la Ley General de la Seguridad Social y demás disposiciones concordantes, se podrá celebrar un contrato de relevo, cuya jornada como mínimo será la dejada vacante por el jubilado parcial.

Dicho contrato de relevo podrá ser por tiempo indefinido o de duración determinada. En este último supuesto su duración será coincidente con el tiempo en que se mantenga la jubilación parcial y, en todo caso, con un mínimo de un año.

El contrato de relevo se celebrará con un trabajador en situación de desempleo o que tuviese concertado con la empresa un contrato de duración determinada.

El puesto de trabajo del trabajador relevista podrá ser el mismo o diferente del trabajador sustituido.

La compatibilidad efectiva entre trabajo y pensión permitirá la acumulación del tiempo de trabajo en periodos de días en la semana, semanas en el mes, meses en el año u otros periodos de tiempo, de conformidad con lo dispuesto en pacto individual o, en su caso, en la negociación colectiva, en todas sus expresiones, incluido el acuerdo de centro de trabajo, sin que en ningún ámbito se pueda limitar o impedir su uso.

8. La ejecución del contrato a tiempo parcial y retribución del jubilado parcial serán compatibles con la pensión que la Seguridad Social reconozca al trabajador en concepto de jubilación parcial.

El horario de trabajo del trabajador relevista podrá completar el del trabajador sustituido o simultanearse con él.

En la negociación colectiva se podrán establecer medidas para impulsar la celebración de contratos de relevo».

También será de aplicación el artículo 56 del Estatuto de los Trabajadores, relativo al despido improcedente:

«1. Cuando el despido sea declarado improcedente, el empresario, en el plazo de cinco días desde la notificación de la sentencia, podrá optar entre la readmisión del trabajador o el abono de una indemnización equivalente a treinta y tres días de salario por año de servicio, prorrateándose por meses los periodos de tiempo inferiores a un año, hasta un máximo de veinticuatro mensualidades. La opción por la indemnización determinará la extinción del contrato de trabajo, que se entenderá producida en la fecha del cese efectivo en el trabajo.

2. En caso de que se opte por la readmisión, el trabajador tendrá derecho a los salarios de tramitación. Estos equivaldrán a una cantidad igual a la suma de los salarios dejados de percibir desde la fecha de despido hasta la notificación de la sentencia que declarase la improcedencia o hasta que hubiera encontrado otro empleo, si tal colocación fuera anterior a dicha sentencia y se probase por el empresario lo percibido, para su descuento de los salarios de tramitación».

El Real Decreto 1131/2002, de 31 de octubre, por el que se regula la Seguridad Social de los trabajadores contratados a tiempo parcial, así como la jubilación parcial.

Real Decreto-ley 11/2024, de 23 de diciembre, para la mejora de la compatibilidad de la pensión de jubilación con el trabajo.

Los artículos [ARTÍCULO] y [ARTÍCULO] del convenio colectivo del sector de [CONVENIO_COLECTIVO_APLICABLE] vigente desde el [FECHA] por el que se rige la empresa demandada, disponen al respecto [DESCRIPCIÓN].

Por lo expuesto,

SUPLICO AL JUZGADO:

Que, teniendo por presentada esta demanda con sus copias y documentos que se acompañan, la admita a trámite, acuerde señalar día y hora para la celebración de la conciliación previa y, caso de no avenencia, del acto del juicio, y tras de éste y de los demás trámites oportunos, concluir dictando sentencia por la que, **reconociendo la acción de la empresa como un despido, se declare éste como improcedente, condene a la demandada a que a su elección, y conforme a lo dispuesto en el artículo 56 del Estatuto de los Trabajadores, proceda a la readmisión del demandante en su puesto de trabajo con las mismas condiciones que tenía antes de producirse el despido o al pago de la indemnización legalmente establecida, con abono en caso de readmisión, de los salarios dejados de percibir desde que el despido tuvo lugar,** pues así procede en derecho y justicia.

En [LOCALIDAD], a [DÍA] de [MES] de [AÑO]

[FIRMA]

OTROSÍ DIGO: que, en la celebración de la vista del juicio, compareceré asistido y defendido por el Letrado Sr./Sra. D./D. ª [NOMBRE_LETRADO_O_GRADUADO_SOCIAL], señalándose a efectos de citaciones y notificaciones el domicilio del mismo, sito en [DOMICILIO] de acuerdo con lo estipulado en el artículo 21 de la Ley de la Jurisdicción Social.

En su virtud,

SUPLICO AL JUZGADO:

Tenga por hecha dicha manifestación, siendo justicia que reitero.

Por ser justicia, fecha y lugar «ut supra».

[FIRMA]

---

(1) Causa de la extinción a modo de ej. Consignar según corresponda según la carta de despido.

Formulario de papeleta de conciliación ante el SMAC contra despido de trabajador con contrato de relevo

El contrato de relevo se regula en los apartados 6, 7 y 8 del art. 12 del Estatuto de los Trabajadores sujeto a distintos requisitos en base al acceso a la jubilación parcial del relevado antes o después del cumplimiento de la edad ordinaria de jubilación.

AL SERVICIO DE MEDIACIÓN, ARBITRAJE Y CONCILIACIÓN DE [PROVINCIA]

D/D. ª [NOMBRE_LETRADO_O_GRADUADO_SOCIAL], en calidad de Letrado y representante de D./D. ª [NOMBRE_PERSONA_TRABAJADORA_RELEVISTA], mayor de edad, en posesión del DNI núm. [DNI], y domicilio a efectos de notificaciones [DOMI-CILIO], ante ese servicio comparece,

DICE

Que mediante el presente escrito interpone PAPELETA DE CONCILIACIÓN por **DESPIDO IMPROCEDENTE** contra la empresa [NOMBRE_EMPRESA], con CIF [CIF] y código de Cta. de Cotización a la seguridad social [NÚMERO], en la persona de su representante legal, con domicilio social en [DOMICILIO_SOCIAL], dedicada a la actividad de [ACTIVIDAD_EMPRESA], para celebrar el preceptivo acto de conciliación que ordena el art. 63 de la Ley 36/2011, de 10 de octubre, reguladora de la jurisdicción social, fundando la pretensión en los siguientes,

HECHOS

Primero. Que la parte demandante comenzó a prestar sus servicios para la empresa demandada el [FECHA], con el grupo profesional de [GRUPO_PROFESIONAL] y un salario de [CANTIDAD] euros, incluida la prorrata de pagas extras, prestando sus servicios en el centro de trabajo de [LUGAR_CENTRO_TRABAJO], en la sección de [ESPECIFICAR], y realizando las funciones de [ESPECIFICAR] y como consecuencia de suscribir un contrato de trabajo de relevo, al amparo de [ESPECIFICAR], para sustituir al trabajador/a D./D. ª [NOMBRE_PERSONA_TRABAJADORA_RELEVADO], el cual había accedido a la jubilación parcial regulada en el art. 215 de la Ley General de la Seguridad Social.

Segundo. Que con fecha [FECHA] la empresa demandada hizo entrega al firmante de una carta, en la que se notificaba, que con efectos del [FECHA], quedaba extinguida la relación laboral que unía a ambas partes, al tratarse de un contrato de carácter temporal y haber quedado sin objeto dicho contrato.

Tercero. Que la actuación de la empresa demandada debe considerarse como un despido y éste como improcedente, toda vez que, si bien es cierto que mi contrato es de carácter temporal, no lo es menos que, por mandato del art. 12.7 del Real Decreto Legislativo 2/2015, de 23 de octubre, por el que se aprueba el texto refundido de la Ley del Estatuto de los Trabajadores, su duración será coincidente con el tiempo en que se mantenga la jubilación parcial y, en todo caso, con un mínimo de un año. **(1)**

Por lo expuesto,

DE ESTE SERVICIO DE MEDIACIÓN, ARBITRAJE Y CONCILIACIÓN (SMAC) SOLICITO que, teniendo por presentado este escrito de demanda de conciliación previa a la vía jurisdiccional, con sus preceptivas copias, disponga la celebración del acto de conciliación sobre los extremos aludidos y citar de comparecencia a las partes en el día y hora señalados al efecto.

En [LOCALIDAD], a [DÍA] de [MES] de [AÑO].

[FIRMA]

---

(1) Cuando el trabajador acceda a la jubilación parcial una vez alcanzada la edad ordinaria de jubilación, en los términos establecidos en el texto refundido de la Ley General de la Seguridad Social y demás disposiciones concordantes, se podrá celebrar un contrato de relevo, cuya jornada como mínimo será la dejada vacante por el jubilado parcial. Dicho contrato de relevo podrá ser por tiempo indefinido o de duración determinada. En este último supuesto su duración será coincidente con el tiempo en que se mantenga la jubilación parcial y, en todo caso, con un mínimo de un año (art. 12.7 del Estatuto de los Trabajadores).

Demanda contra el INSS por denegación de jubilación parcial

Formulario de demanda contra denegación por parte del INSS de la solicitud de jubilación parcial al amparo del art. 215 de la LGSS.

AL JUZGADO DE LO SOCIAL NÚMERO [NUMERO] **DE** [PROVINCIA]

D/D. ª [NOMBRE_ABOGADO_CLIENTE] **(1)**, (Graduado Social/abogado) en ejercicio, con tarjeta de identidad profesional [NÚMERO] y domicilio a efectos de notificaciones en [DOMICILIO_DESPACHO], actuando en nombre de D/D. ª [NOMBRE_CLIENTE], representación que acredito con copia de escritura de poder que acompaño, con el ruego de su devolución, testimoniada que lo sea, ante el Juzgado comparezco y, como mejor proceda en Derecho,

DIGO

Que por medio del presente escrito interpongo **DEMANDA SOBRE SEGURIDAD SOCIAL EN MATERIA DE JUBILACIÓN PARCIAL** contra Instituto Nacional de la Seguridad Social, Dirección provincial de [PROVINCIA], con domicilio a efecto de notificaciones en [DOMICILIO].

HECHOS

Primero. D./D. ª [NOMBRE_CLIENTE], nacido el día [DÍA] de [MES] de [AÑO], se encuentra afiliado al Sistema de la Seguridad Social con el [NUM_SEG_SOCIAL_TRABAJADOR] y en situación de [ESPECIFICAR] en su Régimen [ESPECIFICAR].

Segundo. Que mi representado tiene cubierto un período de cotización de [ESPECIFICAR], como se acredita según informe de vida laboral adjunto como doc. núm. 1, y todos los requisitos establecidos por el Real Decreto Legislativo 8/2015, de 30 de octubre, por el que se aprueba el texto refundido de la Ley General de la Seguridad Social y Real Decreto 1131/2002, de 31 de octubre, por el que se regula la Seguridad Social de los trabajadores contratados a tiempo parcial, así como la jubilación parcial, para el acceso a la jubilación parcial:

a) Haber cumplido la edad de [EDAD] años. **(1)**

b) Acreditar un período de antigüedad en la empresa de, al menos, 6 años inmediatamente anteriores a la fecha de la jubilación parcial. **(2)**

c) Que la reducción de su jornada de trabajo se halle comprendida entre un mínimo de un 25 por 100 y un máximo del 75 por 100. **(3)**

d) Periodo previo de cotización de 33 años en la fecha del hecho causante de la jubilación parcial, sin que, a tales efectos, se tengan en cuenta las bonificaciones o anticipaciones de la edad de jubilación que pudieran ser de aplicación al interesado, ni la parte proporcional correspondiente por pagas extraordinarias.

Tercero. Que el demandante solicitó pensión de jubilación parcial en fecha de [FECHA].

Cuarto. Tramitado expediente administrativo, por resolución del Instituto Nacional de la Seguridad Social de fecha [DÍA] de [MES] de [AÑO] se acordó denegar el derecho solicitado con fundamento en [ESPECIFICAR]. Contra dicha resolución se interpuso reclamación previa, que fue desestimada [ESPECIFICAR].

Quinto. Mi cliente acredita los requisitos para acceder a la pensión de jubilación parcial, debiendo ser reconocida sobre una base reguladora mensual en cuantía de [CANTIDAD] euros. En efecto, [DESCRIPCIÓN: supuesto de hecho determinante del derecho].

Sexto. Frente a dicha resolución mi cliente presentó reclamación previa **(4)** que fue desestimada por Resolución de [DÍA] de [MES] de [AÑO] de la Dirección Provincial de [PROVINCIA] del Servicio Público de Empleo.

A los anteriores hechos son de aplicación los siguientes:

FUNDAMENTOS DE DERECHO

Primero. Competencia y jurisdicción

La competencia para el conocimiento de esta pretensión la ostenta el Juzgado de lo Social al que nos dirigimos, tanto por razón de la materia y territorio, así como por la condición de los litigantes, pues así lo establecen los artículos 1.2.o), 6 y 10 de la Ley 36/2011, de 10 de octubre, reguladora de la jurisdicción social, que regula el procedimiento impugnatorio de sanciones

Segundo. Capacidad y legitimación

La legitimación la ostenta el prestacionista en base al art. 17.1 de la LRJS, donde se establece: «Los titulares de un derecho subjetivo o un interés legítimo podrán ejercitar acciones ante los órganos jurisdiccionales del orden social, en los términos establecidos en las leyes».

En cuanto a la capacidad para ser parte según lo establecido en el art. 16.1 de la LRJS.

Tercero. Procedimiento.

Por tratarse de una materia de seguridad social el procedimiento adecuado sería el establecido en los arts. 80 a 101 de la LRJS, con las particularidades establecidas en los arts. 140 y ss. del mismo texto legal.

Cuarto. Reclamación administrativa previa en materia de prestaciones de Seguridad Social.

El art. 71 de la LRJS, por cuanto establece: «Será requisito necesario para formular demanda en materia de prestaciones de Seguridad Social, que los interesados interpongan reclamación previa ante la Entidad gestora de las mismas».

Quinto. Fondo del asunto

Resultan de aplicación:

- Los arts. 210.2 y 3, 213.1, 215, D.T. 4.ª, 7.ª y 10.ª del Texto Refundido de la Ley General de la Seguridad Social, aprobado por Real Decreto Legislativo 8/2015, de 30 de octubre. La Resolución administrativa combatida es contraria por cuanto que mi poderdante reúne los requisitos generales de [ESPECIFICAR] **(5)** y los específicos de edad y cotización mínima exigible. En efecto, [DESCRIPCIÓN].

- Real Decreto 1131/2002, de 31 de octubre, por el que se regula la Seguridad Social de los trabajadores contratados a tiempo parcial, así como la jubilación parcial.

- Real Decreto-ley 11/2024, de 23 de diciembre, para la mejora de la compatibilidad de la pensión de jubilación con el trabajo.

- Convenio colectivo [CONVENIO_COLECTIVO_APLICABLE].

Por lo expuesto,

SOLICITO a ese JUZGADO DE LO SOCIAL que, teniendo por presentada esta demanda con sus copias y documentos adjuntos, se sirva admitirla y, en consecuencia, tener formulada demanda en reclamación de la pensión contra el INSTITUTO NACIONAL DE LA SEGURIDAD SOCIAL y contra la TESORERÍA GENERAL DE LA SEGURIDAD SOCIAL en su representación legal, y tras los trámites de ley, señalar día y hora para celebrar el preceptivo acto de juicio oral, dictándose sentencia en la que se declare el derecho a percibir la pensión de jubilación parcial en el porcentaje del [PORCENTAJE] por 100 y una base reguladora de [CANTIDAD] euros, por ser todo ello conforme a justicia y derecho.

En [PROVINCIA] a [DÍA] de [MES] de [AÑO].

[FIRMA]

---

(1) Tener cumplida en la fecha del hecho causante una edad que sea inferior en tres años, como máximo, a la edad que en cada caso resulte de aplicación según lo establecido en el artículo 205.1.a) de la LGSS, y acreditar un periodo de cotización de treinta y tres años, sin que, a tales efectos, se tengan en cuenta las bonificaciones o anticipaciones de la edad de jubilación que pudieran ser de aplicación al interesado, ni la parte proporcional correspondiente por pagas extraordinarias [apdo. 2. a) del art. 215 de la LGSS].

(2) A tal efecto se computará la antigüedad acreditada en la empresa anterior si ha mediado una sucesión de empresa en los términos previstos en el artículo 44 del texto refundido de la Ley del Estatuto de los Trabajadores, o en empresas pertenecientes al mismo grupo [apdo. 2. b) del art. 215 de la LGSS].

(3) Dichos porcentajes se entenderán referidos a la jornada de un trabajador a tiempo completo comparable. En los supuestos de anticipación del acceso a la jubilación parcial en más de dos años respecto de la edad ordinaria de jubilación, la reducción de jornada de trabajo durante el primer año se fijará entre un 20 y un 33 por ciento. En estos casos, a partir del segundo año las partes podrán alterar la reducción de la jornada dentro de los márgenes establecidos en el formulario.

(4) Formulada reclamación previa la Entidad deberá contestar expresamente a la misma en el plazo de 45 días. En caso contrario se entenderá denegada la reclamación por silencio administrativo. Tras la denegación, expresa o por silencio administrativo existe un plazo de 30 días para presentar la demanda ante el Juzgado de lo Social.

(5) Reducción de jornada, antigüedad en la empresa, formalización paralela de un contrato de relevo, etc.